Espiritualidade a partir de si mesmo

Dados Internacionais de Catalogação na Publicação (CIP)
(Câmara Brasileira do Livro, SP, Brasil)

Grün, Anselm
    Espiritualidade a partir de si mesmo / Anselm Grün, Meinrad Dufner ; tradução de Herbert de Gier e Carlos Almeida Pereira. 13. ed. – Petrópolis, RJ : Vozes, 2014.

    8ª reimpressão, 2025.

    ISBN 978-85-326-2897-8

    Título original : Spiritualität von Unten

    Bibliografia.

    1. Espiritualidade 2. Vida cristã I. Dufner, Meinrad. II. Título.

03-3053   CDD-248

Índices para catálogo sistemático:
1. Espiritualidade a partir de baixo : Cristianismo   248

Anselm Grün
Meinrad Dufner

Espiritualidade a partir de si mesmo

Tradução de Pe. Herbert de Gier, FNDL
e Carlos Almeida Pereira

EDITORA VOZES

Petrópolis

© by Vier-Türme GmbH, D-97359 Münsterschwarzach Abtei.

Tradução do original em alemão intitulado
Spiritualität von Unten

Direitos de publicação em língua portuguesa:
2004, Editora Vozes Ltda.
Rua Frei Luís, 100
25689-900 Petrópolis, RJ
www.vozes.com.br
Brasil

Todos os direitos reservados. Nenhuma parte desta obra poderá ser reproduzida ou transmitida por qualquer forma e/ou quaisquer meios (eletrônico ou mecânico, incluindo fotocópia e gravação) ou arquivada em qualquer sistema ou banco de dados sem permissão escrita da editora.

CONSELHO EDITORIAL	PRODUÇÃO EDITORIAL
Diretor	Anna Catharina Miranda
Volney J. Berkenbrock	Eric Parrot
	Jailson Scota
Editores	Marcelo Telles
Aline dos Santos Carneiro	Mirela de Oliveira
Edrian Josué Pasini	Natália França
Marilac Loraine Oleniki	Priscilla A.F. Alves
Welder Lancieri Marchini	Rafael de Oliveira
	Samuel Rezende
Conselheiros	Verônica M. Guedes
Elói Dionísio Piva	
Francisco Morás	
Teobaldo Heidemann	
Thiago Alexandre Hayakawa	

Secretário executivo
Leonardo A.R.T. dos Santos

Revisão: Luzia de Fátima Guinâncio
Editoração e org. literária: Augusto Ângelo Zanatta

ISBN 978-85-326-2897-8 (Brasil)
ISBN 3-87868-499-1 (Alemanha)

Este livro foi composto e impresso pela Editora Vozes Ltda.

Sumário

Introdução, 7

1. A espiritualidade de cima, 13

2. As bases da espiritualidade de baixo, 19

3. Desenvolvendo a espiritualidade de baixo, 63

4. Humildade e humor como características da existência cristã, 111

Conclusão, 121

Referências, 125

Introdução

Existem duas correntes na história da espiritualidade, entre outras. Existe uma espiritualidade de cima e uma espiritualidade de baixo. A espiritualidade de baixo significa que Deus não nos fala unicamente através da Bíblia e da Igreja, mas também através de nós mesmos, daquilo que nós pensamos e sentimos, através do nosso corpo, de nossos sonhos, e ainda através de nossas feridas e de nossas supostas fraquezas. A espiritualidade de baixo foi posta em prática sobretudo no monaquismo. Para conhecerem o verdadeiro Deus e irem ao seu encontro, os primeiros monges começaram convivendo com as próprias paixões, começaram pelo conhecimento de si próprios. Evágrio Pôntico formula esta espiritualidade de baixo na clássica frase: "Se queres chegar ao conhecimento de Deus, trata de antes conheceres-te a ti mesmo". O subir até Deus passa pelo descer até a própria realidade e pelo chegar às profundezas do inconsciente. A espiritualidade de baixo não vê o caminho para Deus como uma estrada de mão única que nos leva sempre em frente, em direção a Deus. Pelo contrário, o caminho para Deus passa por erros e rodeios, pelo fracasso e pela decepção consigo mesmo. O que me abre para Deus não é, em primeiro lugar, a minha virtude, mas, sim, as minhas fraquezas, a minha incapacidade, ou mesmo o meu pecado.

A espiritualidade de cima começa pelos ideais que nós nos impomos. Parte das metas que o homem deve alcançar através da ascese e da oração. Os ideais que levam a isto são obtidos do estudo da Sagrada Escritura, da doutrina moral da Igreja e da ideia que o homem faz de si mesmo. A pergunta básica desta espiritualidade de cima é: Como deve ser o cristão? Que é que o cristão deve fazer? Que atitudes deve ele assimilar? A espiritualidade de cima nasce do anseio do homem por tornar-se sempre melhor, por subir sempre mais alto, por chegar cada vez mais perto de Deus. Esta espiritualidade foi adotada sobretudo na teologia moral dos três últimos séculos e na ascese, tal como ensinada a partir da era iluminista. A psicologia moderna vê com bastante ceticismo esta forma de espiritualidade, porque com ela o homem corre o risco de ficar interiormente dividido. Quem se identifica com seus ideais, frequentemente reprime a própria realidade, se ela não estiver em harmonia com estes ideais. E assim o homem fica interiormente dividido e enfermo. Mas a espiritualidade de baixo, ao invés, tal como posta em prática pelos monges da Antiguidade, tende a ser confirmada pela psicologia. Pois, para a psicologia, está claro que o homem só poderá chegar à sua verdade através de um honesto autoconhecimento.

Na espiritualidade de baixo, entretanto, não se trata apenas de ouvir a voz de Deus naquilo que eu penso e sinto, nas minhas paixões e enfermidades, e de assim descobrir a imagem que Deus fez de mim. Também não se trata apenas de subir a Deus descendo à minha realidade. Trata-se, antes, na espiritualidade de baixo, de que, ao chegar ao fim de nossas possibilidades, nós estejamos abertos a uma relação pessoal com Deus. A verdadeira oração, dizem os monges, surge do mais profundo de nossa miséria, e não das nossas virtudes. Jean Lafrance, para quem a oração vinda do profundo é a oração que caracteriza a vida cristã, teve que por muito tempo viver a experiência do fracasso para chegar à verdadeira oração. Ele escreve: "Todo esforço que fazemos por meio da ascese e da oração para nos apossarmos de Deus é um esforço na direção errada; com isto nós nos tornamos semelhantes a Prometeu, que quis se apossar do fogo do céu. É importante que reconheçamos até que ponto este esquema de perfeição persegue uma rota que contraria ao que Jesus mostrou no evangelho... Jesus não construiu alguma escada de perfeição pela qual nós pudéssemos subir degrau por degrau para no fim chegarmos à posse de Deus, mas mostrou um caminho que leva às profundezas da humildade... Temos, pois, que escolher na encruzilhada o caminho que iremos seguir para chegarmos a Deus. O caminho de cima ou o caminho de baixo? Com base em minha experiência, eu desejaria dizer-vos logo de partida: se quereis chegar a Deus através do heroísmo e da virtude, isto é problema vosso. Tendes o direito de fazê-lo; mas advirto-vos que, com isto, ireis bater com a cabeça na parede. Se, ao invés, quiserdes seguir o caminho da humildade, tendes que abraçá-lo com sinceridade, e não podeis ter medo de descer até o mais profundo de vossa miséria" (LAFRANCE, 1983: 9s.). A espiritualidade de baixo ocupa-se com a questão de saber o que devemos fazer quando tudo dá errado, como devemos conviver com os cacos e fragmentos de nossa vida, e como daí podemos construir algo de novo.

A espiritualidade de baixo é o caminho da humildade. Esta palavra hoje causa-nos dificuldades. Para Drewermann a humildade que São Bento descreve em sua regra como o caminho espiritual do monge é um exemplo típico do oposto à autodeterminação (DREWERMANN, 1989: 429). Mas quando lançamos um olhar para a literatura espiritual do cristianismo e de outras religiões, em toda parte nos deparamos com a humildade como a atitude básica de uma religiosidade autêntica. Não devemos entender a humildade como uma virtude que nós mesmos sejamos capazes de conquistar, para isto bastando que "nos humilhemos" e nos rebaixemos. A humildade é, em primeira linha, uma virtude social, uma atitude religiosa básica. A palavra latina *humilitas* está relacionada com *humus*, com terra. A humildade, portanto, é o reconciliar-nos com nossa condição terrena, com o peso que nos puxa para baixo, com o mundo dos nossos instintos, com o nosso lado sombrio. A humildade é a coragem de aceitar a verdade sobre si mesmo. Os gregos fazem distinção entre *tapeinosis*, rebaixamento, pobreza, miséria, e *tapeinophrosyne*, que descreve a atitude interior dos pobres, a atitude de humildade e de pobreza espiritual. A humildade designa nossa relação com Deus e é uma virtude religiosa. Em todas as religiões, o critério para uma religiosidade autêntica é a humildade. Ela é o lugar onde eu posso ir ao encontro do Deus verdadeiro. Só ali, no mais profundo de mim, é que a verdadeira oração pode se fazer ouvir.

Neste livrinho nos propomos a descrever os dois polos da espiritualidade de baixo: o caminho para nosso verdadeiro eu e para Deus pelo descer à nossa realidade, por um lado, e pela experiência da impotência e do fracasso, por outro, como lugar da verdadeira oração e como chance de chegarmos a uma nova relação pessoal com Deus. A espiritualidade de baixo não só descreve os passos terapêuticos que o homem precisa dar para chegar ao seu verdadeiro ser, mas também é o caminho religioso que, através da experiência do fracasso, leva à oração, ao "clamor do profundo" e a uma relação profunda com Deus.

1
A espiritualidade de cima

Não se trata de colocar a espiritualidade de baixo em confronto direto com a espiritualidade de cima. O unilateralismo jamais pode nos levar adiante. E assim existe também uma sadia tensão entre estas duas abordagens espirituais. A espiritualidade de cima apresenta-nos os ideais que devemos buscar, e que, em última análise, devemos cumprir. Não resta dúvida de que os ideais exercem um efeito positivo sobre as pessoas. São uma necessidade vital, sobretudo para os jovens. Pois se não tivessem ideais, os jovens haveriam de girar unicamente em torno de si próprios. Não chegariam a desenvolver as possibilidades latentes que se encontram neles. E não haveriam de entrar em contato com a força que clama por ser despertada. Os ideais fazem com que os jovens saiam de si, de modo a poderem se ultrapassar, se superar e descobrir possibilidades novas. Sem ideais, muitos haveriam de viver sem descobrir suas próprias chances. Para que eu possa crescer, tenho necessidade de modelos. Uma figura cresce com outra figura. Os santos podem ser bons modelos para os jovens, podem desafiá-los e instigá-los a trabalhar em si e a descobrirem sua verdadeira vocação. Porém, não podemos copiar os santos. O fato de voltarmos nosso olhar para os santos não pretende fazer com que sintamos dor na consciência por não sermos tão santos como eles. Quer, pelo contrário, encorajar-nos para não termos de nós uma opinião pequena e para descobrirmos nossa vocação pessoal, reconhecermos a imagem única que Deus se fez a respeito de cada um de nós.

O abade de nossa comunidade nos deu como senha: "Tens mais possibilidades do que imaginas; isto para não falar das possibilidades que Deus tem contigo". Os ideais existem para descobrirmos as possibilidades que Deus nos deu. A juventude sempre se mostrou capaz de entusiasmar-se. Ela precisa de ideais elevados pelos quais se entusiasmar. O entusiasmo é uma força que faz a pessoa crescer, que a faz treinar e aumentar suas capacidades. Quando faltam os ideais que despertam entusiasmo, a juventude adoece. Ela, então, irá sentir necessidade de outras coisas para sentir-se viva, irá recorrer à destruição e à violência para se ultrapassar. Quando se explora o entusiasmo da juventude, como, por exemplo, no Terceiro Reich, isto pode transformar-se em catástrofe. Neste sentido, abre-se uma grande oportunidade para a Igreja se ela anunciar com credibilidade os ideais do cristianismo assim como se encontram na Bíblia e nos grandes vultos bíblicos, e como foram vividos pelos santos ao longo da história. Mais importante, porém, do que anunciar, é dar o exemplo de vida. Quando encontra modelos, a confusão interior dos jovens se acalma. Então as diversas forças dentro dele se organizam em torno do ideal vivido por quem lhes serve de modelo. Os modelos trazem ao jovem apoio e orientação. E o põem em contato com sua própria força, com as possibilidades que Deus colocou neles.

Não podemos, pois, passar sem a espiritualidade de cima. Ela possui uma função positiva, porque desperta em nós a vida. Só passa a ser doentia quando os ideais perdem a ligação com a nossa realidade. Existem pessoas que estabelecem para si próprias ideais tão elevados que jamais elas poderão alcançar. Mas para não desistirem e desanimarem, elas reprimem a própria realidade e se identificam com o ideal. Mas isto leva à divisão interior. Tornam-se cegas para a própria realidade, como, por exemplo, para a agressividade que pode esconder-se por trás de sua piedade. Por um lado, a divisão leva a viver em dois planos que nada mais têm a ver entre si e, por outro, a projetar sobre os outros as paixões reprimidas. Para sustentar o próprio ideal, as próprias sombras são reprimidas e projetadas sobre os outros, contra quem então se injuria e se reclama. Reprimir o mal no próprio coração leva a demonizar os outros, que, em nome de Deus, muitas vezes passam a ser tratados de forma bastante brutal.

A espiritualidade de cima quase sempre é encontrada no início de nossa caminhada espiritual. Mas um dia chega o momento em que a espiritualidade de cima tem que se unir à espiritualidade de baixo para poder permanecer viva. Do contrário, a pessoa cai na divisão interior e adoece. Ela tem que levar a sério a própria realidade e relacioná-la com os ideais. Só assim pode acontecer a transformação. Em lugar de ideais bíblicos, preferimos falar aqui das promessas de Deus. Na Bíblia, Deus nos mostra de que somos capazes quando nos deixamos levar pelo espírito dele. Os ideais do Sermão da Montanha podem servir de exemplo para estas promessas. Só seremos capazes de pô-los em prática quando, em nossa existência real, houvermos experimentado que somos filhos e filhas de Deus. Então eles nos levam a uma liberdade e a uma amplidão que nos fazem bem. Mas quando vemos no Sermão da Montanha ideais que precisam ser cumpridos de qualquer jeito, isto provoca uma divisão, porque sentimos que nem sempre somos capazes de realizá-los. O Sermão da Montanha descreve a conduta que está de acordo com a experiência da redenção em Jesus Cristo. E, desta forma, o Sermão da Montanha é um bom critério para verificar se entendemos ou não entendemos a misericórdia de Deus em Jesus Cristo.

O perigo de uma espiritualidade de cima consiste em achar que podemos chegar a Deus pelas nossas próprias forças. Lafrance descreve assim esta "espiritualidade do caminho errado": "Em geral, os homens imaginaram a perfeição como um crescimento contínuo, como uma ascensão mais ou menos difícil, como resultado do esforço humano. Por isso, eles elaboraram uma certa ascese, ou técnicas de oração, que colocam à disposição da generosidade do homem para ele galgar os degraus da perfeição. Quando o discípulo fala ao diretor espiritual da impossibilidade de alcançar esta meta, muitas vezes ele ouve uma frase deste tipo: 'Basta se esforçar'. No último degrau da subida o esforço por si mesmo se transforma em liberdade" (LAFRANCE, 1983: 9). Mas nós não podemos chegar a Deus por nosso próprio esforço. O paradoxo consiste em que toda luta apenas nos leva a reconhecer que só lutando não podemos nos tornar melhores nem chegar a Deus. Podemos fazer o que quisermos, mas, em algum momento, encontraremos um limite onde não nos resta outra alternativa senão confessar que, por nossas próprias forças, necessariamente iremos fracassar, que só a graça de Deus é capaz de transformar-nos.

2
As bases da espiritualidade de baixo

2.1. Os exemplos da Bíblia

A Bíblia nunca nos apresenta como modelos de fé pessoas perfeitas e sem falhas, mas, sim, justamente pessoas que carregam uma grave culpa e que invocaram a Deus do fundo do abismo. Vemos aí Abraão, que no Egito renega sua mulher e a apresenta como sua irmã, a fim de conseguir uma vantagem. Isto faz com que o faraó a tome para o seu harém. Deus mesmo precisa intervir para livrar o pai da fé da mentira (Gn 12,10-20). Aí está Moisés, que libertou Israel do Egito. Ele é um assassino. Em um momento de ira, matou um egípcio. Moisés tem que primeiro se confrontar com sua inutilidade, que ele vê refletida na imagem da sarça ardente, para, como um fracassado, entrar a serviço de Deus. Eis aí Davi, modelo perfeito do rei em Israel e modelo para todos os demais reis. Ele carrega sobre si uma culpa grave quando dorme com Betsabé, a mulher de Urias. Depois de a ter engravidado, ele ordena que o hitita Urias seja deixado sozinho na batalha, para ser morto. Os grandes vultos do Antigo Testamento tiveram que passar pelo fundo do vale para colocar sua esperança unicamente em Deus e deixarem-se transformar por Deus em modelos de fé e de obediência.

No Novo Testamento, Jesus escolhe Simão Pedro como rochedo e alicerce para sua comunidade. Pedro não compreende Jesus. Pretende demovê-lo de seu caminho para Jerusalém, que o leva à morte certa. Jesus o chama de Satanás e o manda afastar-se (Mt 16,23). Por fim, Pedro nega Jesus depois que ele foi preso. Ainda no caminho para o Monte das Oliveiras, ele havia afirmado solenemente: "Ainda que tenha de morrer contigo, não te negarei" (Mt 26,35). Primeiro ele precisa sentir que, por si só, não pode oferecer garantia alguma, mesmo depois de promessa tão solene. Quando, enfim, negou a Jesus, ele "saiu para fora e chorou amargamente" (Mt 26,75). Os evangelistas não quiseram enfeitar a negação de Pedro. Tudo indica que, para eles, era importante confessarem impiedosamente que Jesus não havia escolhido apóstolos piedosos e confiáveis, mas justamente pessoas pecadoras e fracas. E, não obstante, foi justamente sobre estes homens que ele edificou sua Igreja. Foram eles as testemunhas certas para a misericórdia de Deus, como Jesus havia anunciado e testemunhado com sua morte. Precisamente por sua culpa, Pedro transformou-se em rochedo. Pois sentiu que não é ele que é o rochedo, mas somente a fé, a que tem que agarrar-se para, na tentação, permanecer fiel a Cristo.

Paulo, como fariseu, era um típico representante da espiritualidade de cima. Ele diz a respeito de si mesmo: "No zelo pelo judaísmo ultrapassava muitos dos companheiros de idade da minha nação, mostrando-me extremamente zeloso das tradições paternas" (Gl 1,14). Cultivou os ideais dos fariseus, observou rigorosamente todos os mandamentos e todas as prescrições, para assim cumprir a vontade de Deus. Mas, no caminho de Damasco, ele é derrubado e todo o edifício de sua vida desmorona. Caído por terra, ele se confronta com a espiritualidade de baixo. Torna-se desamparado, impotente. E fica sabendo que Cristo mesmo age sobre ele e o transforma. Sua mensagem da justificação só pela fé é um testemunho desta experiência. Ela mostra que não podemos chegar a Deus através da virtude e da ascese, mas somente reconhecendo a própria fraqueza. Só então é que adquirimos um sentido para o que a graça realmente é. Mesmo após a conversão, Paulo não é uma pessoa plenamente curada e transformada. Ele sofre de uma doença que manifestamente o humilha. Afirma a respeito de si próprio: "Para que a grandeza das revelações não me levasse ao orgulho, foi-me dado um espinho na carne, um anjo de Satanás, que me esbofeteia e me livra do perigo da vaidade" (2Cor 12,7). A doença não impede que Paulo, mesmo assim, anuncie a Boa-Nova. A grave doença que Paulo tem de suportar "é – na opinião mais comum dos intérpretes – uma doença que paralisa suas forças e o deixa humilhado" (Schelkle, 1964: 206). Talvez tenha sido sua estrutura neurótica, que permanece mesmo após a conversão, que Deus utiliza para reformular a mensagem da redenção e libertação. Paulo se gloria precisamente de sua fraqueza. Ele sabe que basta-lhe a graça de Deus. A experiência de sua enfermidade, que manifestamente o incomoda, deixa-o aberto para a graça de Deus, que é a única coisa que importa. Melhor que qualquer outro, ele anuncia a redenção libertadora em Jesus Cristo. Por isso Deus não o livrou da doença. Pelo contrário, deu-lhe como resposta: "Basta a minha graça, porque é na fraqueza que a força chega à perfeição" (2Cor 12,9). A força de Deus atua tanto mais intensamente quanto mais fraca a nossa própria força. Nós desejamos que Deus nos torne mais fortes, desejamos ocupar uma posição melhor diante dos homens, tornar-nos moralmente melhores pela vida espiritual. Mas o paradoxo é que precisamente onde somos fracos, onde não temos domínio sobre nós mesmos, onde um "anjo de Satanás" nos oprime, é aí que nos tornamos mais abertos para Deus e para sua graça. Por isso Paulo aceita sua impotência e sua fraqueza. "Pois quando me sinto fraco, então é que sou forte" (2Cor 12,10). Em sua fraqueza, liberta-se da tentação de chegar a Deus por suas próprias forças. Então ele se entrega a Deus, sabendo que a graça de Deus o sustenta e o levanta.

No comportamento e na pregação de Jesus sempre de novo nós nos deparamos com a espiritualidade de baixo. Jesus conscientemente se volta para os publicanos e pecadores, porque sente que eles estão abertos para o amor de Deus. Os justos, pelo contrário, muitas vezes giram apenas ao redor de si mesmos. Enquanto para os pecadores e os fracos Jesus apresenta-se manso e misericordioso, ele condena asperamente os fariseus. Os fariseus são os típicos representantes da espiritualidade de cima. Eles não deixam de ter boas qualidades, ou de querer agradar a Deus com todo seu agir. Mas não percebem que, empenhando-se em observar todos os mandamentos, eles não estão pensando em Deus, mas, sim, em si mesmos. Acreditam que podem cumprir os mandamentos de Deus por suas próprias forças. Estão menos interessados no encontro com Deus do que na justiça e no cumprimento da lei. Mesmo que desejem fazer tudo por Deus, não obstante eles não têm necessidade de Deus. O que antes de tudo lhes importa é o cumprimento das normas e dos ideais que se impuseram a si mesmos. De tanto fixarem-se sobre os mandamentos, esquecem o que Deus realmente deseja do homem. No evangelho de Mateus, Jesus lhe diz expressamente por duas vezes: "Quero misericórdia, e não sacrifícios" (Mt 9,13). Na narrativa do fariseu e do publicano, Jesus mostra que não deseja uma espiritualidade de cima, mas sim a espiritualidade de baixo, porque esta abre o homem para Deus. O coração contrito, ferido e humilhado abre-se para Deus. O publicano, que reconhece seu próprio pecado, que está consciente da impossibilidade de reparar a injustiça praticada, que em seu desespero bate arrependido no peito e pede a misericórdia divina, este é por Deus justificado (Lc 18,9-14).

A espiritualidade de baixo manifesta-se com clareza sobretudo nas parábolas de Jesus. Na parábola do tesouro no campo, Jesus nos mostra que o tesouro, o nosso próprio eu, a imagem que Deus faz de nós, pode ser encontrado precisamente no campo, na terra, na lama (Mt 13,44ss.). Temos primeiro que sujar as mãos, temos que cavar a terra, se quisermos encontrar o tesouro que existe em nós. A parábola da pérola preciosa mostra-nos outro aspecto da espiritualidade de baixo. A pérola é um símbolo de Cristo em nós. A pérola cresce nos ferimentos da concha. Então só encontramos o tesouro em nós quando entramos em contato com as nossas feridas. A ferida, aqui, não é apenas o lugar onde entramos em contato com o nosso eu. Quando chegamos ao fim, quando nada mais nos resta a não ser desistir de nós, aí a relação com Cristo pode crescer, aí podemos antever como dependemos inteiramente de Cristo. Aí aumenta o nosso anseio pelo Redentor e Salvador. Aí estendemos os braços em busca daquele que toca nossas feridas e as sara. Cristo, o verdadeiro eu, é a dracma que nós perdemos na confusão de nossa morada interior, e que agora nós temos que procurar (Lc 15,8s). Só poderemos encontrá-la se tirarmos os móveis do lugar. De nada adianta estarmos firmemente estabelecidos. Deus mesmo provoca em nós a confusão para que, na crise, possamos reencontrar a dracma que perdemos por falta de atenção.

Outra parábola que Jesus emprega para fundamentar a espiritualidade de baixo é a do joio no meio do trigo (Mt 13,24-30). A espiritualidade de cima deseja realizar os ideais e distanciar-se cada vez mais do joio na alma do homem. O ideal é o homem puro e justo, sem qualquer falha ou fraqueza, é a Igreja pura. Mas esta maneira de ver facilmente nos leva ao rigorismo. Tendemos a excluir os fracos e os pecadores, mesmo com violência. É provável que Mateus tenha dirigido esta parábola contra os rigoristas de sua comunidade. Mas podemos entendê-la também como uma imagem para o convívio com as próprias falhas e fraquezas. Então ela se opõe ao rigorismo contra nós próprios, que nos leva a proceder com violência contra as próprias fraquezas. Nossa vida é comparada por Jesus a um campo onde Deus semeou a boa semente. Mas durante a noite vem o inimigo e semeia joio no meio do trigo. Os servos, que perguntam ao senhor se não devem arrancar logo o joio, representam os rigorosos idealistas, que gostariam de imediatamente arrancar pela raiz todas as falhas. Mas o senhor lhes responde: "Não, para que não suceda que, ao quererdes arrancar o joio, arranqueis com ele o trigo. Deixai que ambos cresçam até a ceifa" (Mt 12,28s). Nas raízes o joio está intimamente misturado com o trigo, de modo que, se arrancarmos o joio, o trigo também será arrancado. Quando alguém não admite em si falha alguma, com suas paixões ele arranca também a própria vitalidade, com a fraqueza ele destrói também a própria força. Aquele que acima de tudo deseja ser correto, em seu campo não irá crescer senão um trigo raquítico. Muitos idealistas se fixam de tal maneira sobre o joio em sua alma que só pensam em eliminar as falhas, de tal modo que a própria vida pode ficar prejudicada. De tão corretos, eles ficam sem força, sem paixão, sem coração. O joio poderia ser a sombra para onde nós reprimimos tudo quanto nos desagrada e que não corresponde aos nossos padrões. Ele simplesmente está em nós. Foi semeado à noite, isto é, em nosso inconsciente. Por mais que lutemos conscientemente contra o negativo e contra as sombras, à noite sempre acontece que o joio é semeado. Assim, precisamos nos reconciliar com o joio. Então, o trigo poderá crescer no campo da nossa vida. No fim, quando morrermos, Deus já irá separar o trigo do joio, e então todo o joio em nós será queimado. Mas queimá-lo antes do tempo, isto não nos compete. Haveríamos de com ele destruir também uma parte da nossa vida.

Com muitas imagens Jesus nos mostra que escolhe exatamente o fraco e o pobre. Os ricos, que vão levando a vida com facilidade, que podem realizar todos os seus desejos, estes são excluídos do banquete nupcial no reino dos céus. São os pobres, pelo contrário, os coxos, cegos e aleijados, que são convidados (cf. Lc 14,12ss.). O rico glutão, "o ego que tem tudo quanto deseja, e que é vítima do orgulho, de uma ideia exagerada da própria importância" (SANFORD, 1974: 161), este termina no inferno. O pobre Lázaro representa o que em nós é pobre, o que nós rejeitamos, o que é chaga e doença, a fome e a sede. Este vai para o céu. É precisamente aquele que está perdido, reprimido, que é aceito por Deus (parábola da ovelha perdida, do filho pródigo). Pois quando nada tem, o homem está aberto para o dom da graça divina. Jesus considera bem-aventurados os pobres, os que têm fome e sede de justiça, os que choram, os que não têm como construir consigo mesmos nem com suas próprias forças, mas que dependem inteiramente da graça de Deus. Estes herdam o reino de Deus, estes possuem um sentido para a dominação divina em seu coração. A própria encarnação de Deus em Jesus Cristo já é um sinal da espiritualidade de baixo. Jesus nasce em um estábulo, não em um palácio. Não é na capital, mas, sim, em Belém, na província, em nossa insignificância, que ele quer nascer. C.G. Jung repetidas vezes enfatiza que nós somos apenas o estábulo onde Deus nasce. Em nosso íntimo se encontra tanta sujeira como em um estábulo. Nada temos para apresentar a Deus. Ali onde somos pobres e fracos, justamente aí é que Deus quer morar em nós. O mesmo tema nós podemos encontrar no batismo de Jesus. O céu se abre sobre Jesus quando ele está nas ondas do Jordão. As águas do Jordão estão cheias da culpa dos homens que se fizeram batizar por João. Em meio à culpa dos homens, o céu se abre e Deus fala a Jesus: "Tu és o meu Filho amado, de ti eu bem me agrado" (Mc 1,11). Assim também há de acontecer conosco. Só quando com Jesus estivermos prontos para descer às águas do Jordão, para assumir as nossas culpas, só então é que o céu pode se abrir sobre nós, e Deus pode dizer-nos a palavra da aceitação absoluta: "Tu és meu filho amado, tu és minha filha amada, é de ti que eu me agrado".

Em sua morte na cruz, Jesus desce ao reino dos mortos. A Igreja primitiva viu o *descensus ad inferos* de Jesus, sua descida ao inferno, como modelo da redenção. No Sábado de Aleluia, ela lembra este descer às profundezas da terra. No inferno, lá onde o homem chegou ao fim, onde ele se encontra excluído de toda comunicação, onde não pode fazer mais coisa alguma, aí Jesus toma o homem pela mão e ressurge com ele para a vida. A partir de Orígenes, a descida aos infernos passou a ser uma imagem da descida de Cristo às regiões sombrias de nossa alma. Macário o Grande diz: "O abismo está em teu coração; o inferno está em tua alma" (MILLER, 1982: 170). A descida de Cristo às trevas da alma é para os santos padres um acontecimento de salvação. O fundo de nossa alma se ilumina, e tudo quanto foi reprimido é tocado por Cristo e desperta para a vida. Descer e subir, em todas as religiões, são imagens para descrever a transformação do homem por Deus.

Com estas duas palavras, descer e subir, o evangelho de João consegue descrever o mistério da redenção por Cristo: "Ninguém subiu ao céu senão aquele que desceu do céu, o Filho do homem" (Jo 3,13). Se com Cristo quisermos subir ao Pai, temos primeiro que descer com ele à terra, ao que é terreno, à nossa própria condição humana. É assim que o entende também a epístola aos Efésios, a cuja interpretação a liturgia recorre na festa da Ascensão de Jesus: "Que significa este 'subiu', senão que antes desceu a esta terra? Aquele que desceu é também quem subiu acima de todos os céus, para preencher todas as coisas" (Ef 4,9s.).

A expressão clássica desta espiritualidade de baixo é o hino da Igreja primitiva que Paulo cita na epístola aos Filipenses: "Aniquilou-se a si mesmo, assumindo a condição de escravo, tornando-se solidário com os homens... Humilhou-se, feito obediente até à morte, até à morte da cruz. Pelo que também Deus o exaltou acima de todo nome" (Fl 2,6-9). No descer à nossa condição humana e no subir acima de todos os céus, os primeiros cristãos viram a essência da redenção. Em imagens sempre novas, eles exaltavam o descer de Deus aos homens, seu rebaixamento à condição de escravo. Viam nisto a expressão do amor divino, como antes de Cristo jamais seria possível se imaginar. A descida de Cristo, seu autoesvaziamento (*kenosis*), pôs todos os nossos conceitos sobre Deus e o homem de cabeça para baixo. E tornou-se ao mesmo tempo o modelo para a nossa vida. Paulo exorta-nos a nos comportarmos como é apresentado na descida de Cristo: "Tende em vós os mesmos sentimentos que Cristo Jesus" (Fl 2,5).

2.2. A tradição monástica

Para os antigos monges, o caminho para Deus passava pelo encontro com a própria realidade. O encontro com Deus pressupõe o encontro consigo mesmo. Por isso, antes de aprender a rezar sem distrações e unir-se a Deus na contemplação, o monge precisa primeiro familiarizar-se com suas paixões. Antes de poder subir a Deus, ele precisa primeiro descer até sua própria realidade. É o que mostra um dito do Abade Poimen. Certo dia, um eremita que era muito bem conceituado em sua terra procurou o Abade Poimen, um dos monges mais conhecidos do século IV, para falar com ele. Um irmão que o conhecia levou-o ao Patriarca Poimen: "Levou-o ao ancião e o informou sobre ele, dizendo: 'É um grande homem, que goza de muito prestígio na sua região e é muito estimado. Falei a ele a teu respeito e ele veio desejando ver-te'. Recebeu-o, pois, com alegria, cumprimentaram-se e sentaram-se. O estranho começou a falar da Escritura, das coisas espirituais e celestes. Então o Abade Poimen virou a cabeça e não lhe deu resposta alguma. Quando o eremita viu que o ancião não lhe falava, saiu entristecido e disse ao irmão que o trouxera: 'Foi em vão que fiz toda esta peregrinação. Pois fui ao ancião, mas eis que ele não quer falar comigo!' Então o irmão foi ao Patriarca Poimen e disse-lhe: 'Pai, foi por tua causa que veio à tua presença este grande homem, que possui tanto prestígio em sua região. Por que não falaste com ele?' O ancião respondeu-lhe: 'Ele mora nas alturas e fala coisas do céu, mas eu sou daqui de baixo e falo coisas da terra. Mas quando ele fala sobre coisas do espírito eu não entendo'. Então o irmão saiu e disse ao eremita: 'O ancião não sabe falar da Escritura com facilidade, mas quando alguém fala das paixões da alma ele responde'. Ele refletiu e foi à sua presença, e disse-lhe: 'Que devo fazer quando as paixões da alma me dominam?' Então o ancião o olhou com alegria e disse-lhe: 'Agora vieste corretamente, abre tua boca para estas coisas e a encherei com os bens'. O visitante teve grande proveito e disse: 'Na verdade é este o caminho reto!' E agradecendo a Deus voltou para sua terra, por ter sido achado digno de encontrar-se com tão grande santo" (Apo 582).

Só quando falam com sinceridade sobre si próprios e sobre suas paixões é que eles chegam a Deus, cujo espírito os une entre si. Em meio à conversa em torno da própria realidade, de repente Deus passa a ser uma experiência direta. Entram juntos em contato com Deus, porque estão em contato consigo mesmos. Poimen representa aqui a espiritualidade de baixo. Ele começa com as paixões, com os sentimentos e as necessidades. Estas precisam primeiro ser encaradas de frente, para que se possa ir ao encontro do verdadeiro Deus. O caminho espiritual da contemplação e da união com Deus passa pelo ocupar-se com os pensamentos e as paixões.

E aqui é justamente a experiência da própria alma que é também um caminho para sentirmos a incapacidade de nos tornarmos melhores por nós mesmos. Para os antigos monges, chorar sobre os próprios pecados é expressão de uma intensa experiência de Deus. Assim diz Isaac o Sírio: "Aquele que conhece seus pecados é maior do que aquele que, por sua oração, ressus-

31

cita um morto... Aquele que durante uma hora geme e suspira sobre si mesmo é maior do que aquele que instrui o mundo inteiro. Aquele que enxerga sua própria fraqueza é maior do que o que vê os anjos... Aquele que segue a Cristo solitário e com o coração contrito é maior do que o que desfruta do favor das massas nas igrejas" (LAFRANCE, 1983: 11). O estaroste Siluan, que viveu como um santo no Monte Athos dentro da tradição do monaquismo antigo e que lá mesmo morreu em 1938, uma noite, depois de haver lutado em vão contra os demônios, ouve a resposta de Deus: "Os orgulhosos sempre sofrem por causa dos demônios. Senhor, tu és misericordioso, faze-me saber o que devo fazer para minha alma se tornar humilde! E o Senhor respondeu à minha alma: Mantém tua consciência no inferno e não desesperes" (LAFRANCE, 1983: 51s.). Com isto Siluan foi purificado no espírito e encontrou descanso. Que quer dizer este exercício de manter a alma no inferno e não desesperar? O inferno é o absoluto separar-se de Deus, a desarmonia, o endurecimento, o vazio. O inferno está dentro de cada um. Se não fugirmos dele, mas mantivermos nossa consciência no abismo de nossa alma, sem desesperar, poderemos ver que só Deus é capaz de nos libertar deste inferno, que é nas profundezas que ocorre a transformação de todas as coisas, que é na extrema angústia e abandono de Cristo que nós somos remidos. Olivier Clément viveu no próprio corpo a experiência do estaroste Siluan, de que a redenção de Cristo penetra até o inferno, como canta a liturgia pascal: "De hoje em diante, tudo está cheio de luz, o céu, a terra e mesmo o inferno". "Sentir-se salvo do inferno, saber-se salvo no inferno, saber que só se tem a escolha de ser o ladrão da esquerda ou da direita, mas sempre um ladrão... isto significa entrar em um estado de extrema humildade, de constante metanoia, significa a mudança de nossa prisão no mundo, o romper com o endeusamento do próprio eu" (CLÉMENT, 1977: 130).

A espiritualidade de baixo manifesta-se com clareza na palavra de Santo Antão Abade: "Se vires um jovem monge procurando alcançar o céu com sua própria vontade, segura seus pés e puxa-o para baixo, pois isto de nada lhe serve" (SMOLITSCH, 1936: 32). Justamente os jovens correm o risco de irem atrás de ideais elevados, de exagerarem na meditação a fim de o mais rápido possível se tornarem espirituais. Contra isto, Antão protesta. Justamente o jovem tem necessidade de primeiro entrar em contato consigo mesmo e com sua realidade para chegar a Deus. Do contrário irá levantar voo como Ícaro e terá que cair miseravelmente, porque suas asas são de cera. Nós temos necessidade de bastante contato com o chão para que o salto para Deus possa lograr êxito. John Wellwood, um estudioso americano da meditação, fala do *spiritual bypassing*, do atalho espiritual. Com isto, ele entende a tentativa de negar as necessidades humanas básicas, os sentimentos e as tarefas do desenvolvimento, ou de transcendê-las com demasiada rapidez (WELLWOOD, 1984: 69) por meio de técnicas e exercícios espirituais. A espiritualidade de baixo exige que, em meu caminho espiritual, eu sempre aceite minha própria realidade, que admita também minha vitalidade e sexualidade. Do contrário, estarei tentando passar por cima de minhas sombras e chegar depressa demais a Deus por um *spiritual bypassing*. Mas, então, não há de ser o Deus verdadeiro, mas apenas uma projeção de Deus.

De Isaac de Nínive nos foi transmitida esta palavra: "Esforça-te por encontrar o tesouro que está dentro de ti e assim verás os tesouros celestes! Pois aquele e estes são a mesma coisa. Ao entrares, verás uns e outros. A escada para o reino dos céus está escondida em tua alma. Salta do pecado para o mergulho em ti mesmo e assim irás encontrar a escada por onde poderás subir" (ISAAC DE NÍNIVE, 1874: 302). Aqui o caminho para Deus é o descer à própria realidade. O salto para o mais profundo de si mesmo ocorre a partir do pecado. Precisamente o pecado é capaz de forçar-me a abandonar os ideais construídos por mim mesmo e mergulhar nos abismos de minha alma. Aí eu me encontro com meu coração e, ao mesmo tempo, com Deus. Aí encontro a escada pela qual posso subir até Deus.

A espiritualidade de baixo pode ser vista também na palavra do Abade Doroteu de Gaza: "Tua queda, diz o profeta (Jr 2,19), te há de educar" (DOROTEU, 1928: 41). Precisamente a queda, o fracasso, o pecado podem ser para nós o pedagogo que nos guia no caminho para Deus. Doroteu está convencido de que justamente as dificuldades que encontramos, ou também as falhas e fracassos, têm o seu sentido: "Deus sabia que aquilo era bom para a minha alma e, por isso, aconteceu. Pois em tudo quanto Deus permite acontecer não existe coisa alguma que não tenha uma finalidade; pelo contrário, tudo possui muito sentido e corresponde aos objetivos. Por mais graves que sejam os males, não podemos deixar que nosso ânimo fique abatido, pois tudo está sujeito à divina providência e serve aos seus santos desígnios" (DOROTEU, 1928: 157s.). Também os ditos dos padres do deserto mostram que a espiritualidade dos antigos monges era uma espiritualidade de baixo, que o encontro com a própria realidade, ou, mais precisamente, com as falhas e os fracassos, nos leva para Deus.

2.3. A regra de São Bento

No capítulo mais extenso de sua regra, São Bento descreve a espiritualidade de baixo. É o capítulo sétimo, sobre a humildade. Podemos pressupor não ser mera casualidade este capítulo vir em sétimo lugar. O número sete designa a transformação do homem por Deus. Assim, existem sete sacramentos, como existem os sete dons do Espírito Santo, que penetram e transformam o homem. Os monges, muitas vezes, tiveram problemas com este capítulo. Para os nossos ouvidos, a humildade soa com uma conotação negativa. A tradição da Bíblia e dos padres da Igreja não considera a humildade uma virtude moral ou social, mas, sim, uma atitude religiosa. Por isso, o capítulo sobre a humildade não descreve o caminho da virtude do monge, mas o caminho espiritual, interior, o caminho do amadurecimento humano e da contemplação, o caminho da crescente experiência de Deus. O caminho da humildade leva-nos a Deus fazendo-nos descer à nossa própria condição terrena e humana. Descer para subir, é este o paradoxo da espiritualidade beneditina de baixo.

Com suas ideias sobre a humildade, São Bento se coloca dentro da tradição dos Santos Padres e do monaquismo primitivo. Para Basílio, a humildade consiste no lema "conhece-te a ti mesmo". Para Orígenes, ela é a quintessência da virtude, que contém em si todas as demais, um valioso presente de Cristo à humanidade, "a verdadeira fonte de força para o cristão" (RAC: 756). Só ela nos torna aptos para a verdadeira contemplação. Gregório de Nissa acha que o homem só pode imitar a Deus em sua humildade. Por isso, ela seria o caminho para buscarmos a conformidade com Deus. João Crisóstomo vê a humildade juntamente com a dignidade do homem, e adverte contra o falso autorrebaixamento. Certamente foi Agostinho quem mais desenvolveu a doutrina sobre a humildade. Para ele, ser humilde é reconhecer a própria dimensão e se conhecer a si próprio com honestidade. Na humildade, o homem reconhece a dimensão que lhe foi dada, reconhece que é homem e não Deus: "Deus tornou-se homem. Tu, homem, reconhece que és homem! Toda tua humildade consiste em que te conheças a ti mesmo". Mas nossa humildade também imita a humildade de Cristo, seu autoesvaziamento na morte, que nos traz a redenção. A humildade de Cristo é "antes de tudo ato salvífico de Deus" (RAC: 772). Por isso a humildade não é, em primeiro lugar, uma virtude, mas, sim, uma atitude religiosa, que une o homem a Cristo. Agostinho chega mesmo a dizer que o pecado com a humildade seria melhor do que a virtude sem a humildade. A humildade abre-me para Deus. E justamente o pecado pode me forçar a capitular. Eu não sou capaz de garantir por mim. Não tenho qualquer garantia de não pecar. Dependo total e inteiramente de Deus. A virtude pode nos seduzir, fazendo-nos acreditar que somos capazes de chegar a Deus com nossas próprias forças. Aquele que pretende percorrer o caminho da virtude para chegar a Deus há de dar com a cara na parede. Não há de encontrar a porta que conduz a Deus. Esta porta é a humildade, a confissão da própria incapacidade para fazer-se piedoso e santo.

O filósofo O.F. Bollnow confirma a visão beneditina da humildade como atitude religiosa: "A humildade não está voltada de maneira nenhuma para a relação de um homem com outro, diante do qual ele possa sentir-se superior ou inferior, mas unicamente para o que se subtrai a toda comparação, para a relação fundamentalmente diferente do homem com a divindade, onde ele experimenta toda sua total insuficiência. Aqui a humildade repousa sobre a consciência da finitude humana, e isto não apenas no sentido neutro da limitação de todas as suas forças, mas, sim, no sentido muito mais profundo de sua total nulidade" (BOLLNOW, 1965: 131). A humildade, portanto, nasce de uma experiência de Deus. Não é algo que se possa alcançar por meio da ascese, mas, sim, algo que nos sobrevem quando experimentamos Deus como o mistério infinito e nos experimentamos a nós mesmos como homens finitos, como criaturas do divino criador. Por isso, o capítulo sobre a humildade é uma descrição da crescente experiência de Deus e do conhecimento de si mesmo que vai se tornando cada vez mais claro. São Bento descreve aqui o caminho para o monge chegar sempre mais próximo de Deus e ser cada vez mais transformado por sua proximidade amorosa e salvífica. Para ele, a humildade não é uma virtude que possamos alcançar, mas uma experiência que nos faz crescer. A humildade é a condição para uma autêntica experiência de Deus. É a experiência de si na experiência de Deus. Quanto mais eu me aproximo de Deus, tanto mais me dói minha própria verdade. E quanto mais, através do fracasso, eu experimento minha verdade, tanto mais abro-me para Deus. Bernardo de Claraval define a humildade como *verissima sui agnitio*, como fiel e verdadeiro conhecimento de si mesmo (cf. PL: 182, 942), que surge em nós precisamente quando nos encontramos com o verdadeiro Deus.

Para São Bento, a humildade é a imitação de Cristo, que esvaziou-se a si mesmo e tornou-se igual a nós homens (Fl 2,6ss.). Na humildade, nós crescemos na atitude de Cristo, que não ficou preso à sua divindade, mas humilhou-se a si mesmo e fez-se obediente até à morte. Para os Santos Padres, a humildade é também uma condição para a contemplação, para a caminhada espiritual. Bento vê na humildade um caminho para nos exercitarmos no amor perfeito, na união com Deus na contemplação. Este amor perfeito (*caritas*) caracteriza-se pelo amor a Cristo (*amore Christi* = o amor apaixonado por Cristo, a íntima relação pessoal com ele) e pelo prazer nas virtudes (*dilectatione virtutum*), onde a virtude não é considerada do ponto de vista moral, mas, sim, como a força com que o homem foi presenteado por Deus. A humildade, portanto, leva o homem a sentir prazer no seu impulso vital, na sua força, no moldar sua vida pelo espírito de Deus. A meta do caminho da humildade não é, pois, a humilhação do homem, a *humiliatio*, mas, sim, sua elevação, a transformação pelo espírito de Deus, que o penetra inteiramente, e seu prazer com esta sua nova qualidade de vida.

Certamente, em nenhum outro capítulo São Bento fez citações mais numerosas de passagens da Escritura do que no capítulo sobre a humildade. Com isto ele deseja dizer que, na humildade, os monges se exercitam na atitude básica da Bíblia; que nela realizam o que na Sagrada Escritura Deus revelou como o caminho para a vida. Ele inicia o capítulo com estas palavras: "Clamai em altas vozes, irmãos: 'Todo aquele que se exalta será humilhado, e quem se humilha será exaltado'" (Lc 18,14). O que importa, pois, a São Bento, no capítulo sobre a humildade, é cumprir a palavra de Jesus e crescer na atitude e no pensamento de Jesus. Em tudo isto, o autorrebaixar-se não deve ser entendido em um sentido moralizante, como se tivéssemos de nos diminuir e pensar pequeno sobre nós. Pelo contrário, é preciso que se dê uma interpretação psicológica: quem se identifica com ideais elevados, quem se exalta a si mesmo com ideais muito altos, este necessariamente terá que confrontar-se com suas sombras, será forçado a tomar consciência de sua condição humana e terrena, de seu *humus*. Ele é humilhado, dá com a cara no chão, porque presumiu demais. Nossos sonhos de queda muitas vezes mostram que subimos demais, que nos destacamos demais. E um sonho assim, em que eu caio sempre mais fundo, exige que eu desça, que me reconcilie com minha condição humana. Aquele que desce, diz Jesus, há de ser exaltado. Quem desce até sua própria realidade, até os abismos do inconsciente, até a escuridão de suas sombras, até a impotência de seus próprios anseios, quem entra em contato com sua condição humana e terrena, este, sim, está subindo para Deus, alcança o Deus verdadeiro. Subir até Deus é a meta de todos os caminhos espirituais. Desde Platão, o anseio primordial dos homens se expressa no subir para Deus. O paradoxo da espiritualidade de baixo, tal como é descrita por São Bento em seu capítulo sobre a humildade, consiste em que nós subimos para Deus precisamente quando descemos à nossa realidade humana.

O fariseu, que põe toda sua confiança em si e nas suas realizações morais, é humilhado por Deus. Pois não tem qualquer entendimento de Deus. Usa Deus para aumentar o sentimento do seu próprio valor. Não é a Deus que ele serve, mas a um ídolo. Assim, antes de poder entregar-se a Deus, ele precisa primeiro ser confrontado com sua miséria. O publicano, que põe toda sua confiança em Deus, que, em sua humildade, se conhece a si mesmo, este entrega-se à misericórdia de Deus e, por isso, Deus o ergue e o exalta. Sabe que por si mesmo não pode se tornar melhor, que não pode dar garantia alguma de si. Lança toda sua confiança em Deus. Só Deus poderá erguê-lo, torná-lo reto e justo.

São Bento compara o caminho dos doze degraus com a escada que Jacó viu em sonhos. Para os Santos Padres, a escada de Jacó, por onde os anjos sobem e descem, era uma imagem da contemplação, onde o céu se abre para nós. Agostinho chega a chamar Cristo de *scala nostra*, "nossa escada". Cristo desceu até nós para que, por ele, como por uma escada, nós possamos subir até Deus. As duas traves laterais da escada são interpretadas pelos Santos Padres ora como sendo o Antigo e o Novo Testamento, ora como o duplo mandamento do amor a Deus e ao próximo. São Bento interpreta as duas traves como sendo o corpo e a alma. Em nosso corpo e em nossa alma Deus colocou uma escada pela qual podemos subir para Deus quando primeiramente descemos na humildade. Em São Bento, nosso caminho para Deus passa pela tensão entre corpo e alma. Não se trata de caminho algum puramente espiritual, mas, sim, de um caminho que considera e leva a sério tanto o corpo quanto a alma. No caminho para Deus, nós não podemos fazer saltos. Temos que subir degrau por degrau.

É em sonhos que Jacó vê a escada por onde os anjos de Deus sobem e descem (Gn 28,10ss.). O sonho abre seus olhos para a presença de Deus em sua vida. Jacó está justamente fugindo. É em uma situação típica de fundo do poço, de fracasso, de destruição dos próprios planos que Deus se dá a conhecer no sonho. No sonho, Deus lhe diz que o lugar onde ele dorme é um lugar santo. E promete estar com ele, andar com ele todos os caminhos, até realizar o que prometeu. O sonho mostra-lhe a meta do caminho, que primeiro o há de levar à decepção em casa de Labão. Ele tem um significado de compensação. Exteriormente tudo é triste e sem esperança. Mas, no sonho, Deus modifica a situação. Ele mostra a Jacó que, depois que tiver chegado ao fim, Deus pode tomar tudo em suas boas mãos. E em vez de fugir de Deus, ele corre diretamente para dentro de Deus. Para ele, a pedra que se encontra em seu caminho no deserto, a pedra de tropeço que poderia levá-lo a cair, passa a ser a pedra de um memorial à fidelidade e à misericórdia de Deus. Quando lemos os 12 degraus da humildade de São Bento tendo em mente a imagem da escada de Jacó, eles nos levam cada vez a um beco sem saída onde Deus se dá a conhecer, a uma passagem estreita que nos abre para Deus. São como pedras de tropeço que se transformam em pedras de ara sagradas e que apontam a presença de Deus. Os 12 degraus são degraus para a contemplação, degraus no caminho do amadurecimento interior e degraus para o próprio Deus. O número 12 é o da totalidade, que diz respeito não apenas à totalidade do indivíduo, como, por exemplo, o número 10, mas também de uma comunidade. São 12 as tribos de Israel e são 12 os apóstolos. Pelo caminho dos degraus da humildade o monge chega à perfeição, e isto precisamente na comunidade dos irmãos, onde o reino de Deus pode ser experimentado.

Uma análise dos 12 degraus fica reservada a um trabalho próprio. Aqui será suficiente mostrar que a espiritualidade beneditina é uma espiritualidade de baixo, que ela sobe até Deus descendo para a própria realidade. Os 12 degraus descrevem uma transformação gradativa do homem, a transformação de sua vontade (degraus 1-4), de suas ideias e sentimentos (degraus 5-8) e do seu corpo (degraus 9-12). O homem inteiro, com tudo quanto nele existe, precisa chegar a uma situação sem saída a fim de abrir-se para Deus. Tudo quanto existe em nós em termos de sentimentos, necessidades, paixões e fantasias tem que ser apresentado a Deus, para que ele o transforme. Transformar significa que nosso pensar e sentir se tornem abertos para Deus, que até às últimas consequências eles estejam voltados para Deus. O remédio para nosso pensar e sentir é a presença de Deus. Tudo quanto pensamos e sentimos acontece na presença de Deus, do Deus que nos olha com bondade e que enxerga até o fundo de nossos pensamentos e sentimentos. Em Deus e na presença de Deus reconhecemos que em tudo quanto pensamos e sentimos nós ansiamos por Deus, que é só quem pode satisfazer nossos anseios.

No primeiro degrau da humildade, São Bento dirige a atenção para a relação com Deus. Os psicólogos consideram a falta de relacionamento como uma doença central da nossa época. Cura e transformação só podem ocorrer quando tudo quanto está em nós é referido a Deus, ao Deus que ama, que, com sua visão de amor, nos conduz à verdade. A transformação da vontade, no segundo degrau, não significa que nossa vontade seja destruída. Nossa vontade própria, nossa obstinação, talvez esteja relacionada com a estrutura básica que todas as crianças desenvolvem como reação às feridas da primeira infância. Esta estrutura básica transforma-se em um instrumento para a sobrevivência. Passa a ser uma necessidade. Mas ela nega outros impulsos vitais. Transformar a vontade própria significa libertar-nos desta estrutura básica estreita, para que novos impulsos vitais possam se desenvolver. Para São Bento, o objetivo da transformação da vontade é ser, como Cristo, purificada no fogo, para assim crescermos sempre mais nos sentimentos de Jesus e podermos cumprir as exigências que Jesus faz no Sermão da Montanha (4º degrau).

A modificação de nossos sentimentos se dá por meio da palavra. Ao manifestarmos ao pai espiritual os pensamentos e sentimentos que nos impelem, nosso pensar e sentir se tornam mais claro. Não é quando os reprimimos, mas, sim, quando os manifestamos e discutimos com um irmão experiente que os meus sentimentos são transformados. Quando os manifesto, eles não me distanciam de Deus, mas revelam meus anseios mais profundos (5º degrau). Outro caminho de transformação passa pelo confronto com a própria realidade. Não cedo à minha fraqueza e impotência, mas reconcilio-me com minha falta de vontade e meu vazio interior, e os apresento a Deus, rezando com o salmista: "Eu era um desvairado sem entendimento, um irracional diante de ti" (Sl 73,22). Quando renuncio a me considerar interessante, a considerar-me como alguém especial, e a colocar-me no centro das atenções, eu me obrigo a olhar minha verdade de frente. Não posso fugir de mim. Por isso, no 6º e 8º degraus não se trata para São Bento de eu me acomodar, mas de me confrontar com a verdade interior. No 7º degrau, eu me reconcilio com meu fracasso e, então, descubro que precisamente por minhas dolorosas falhas, ou mesmo por minha culpa, eu me abro para Deus, que justamente assim eu me encontro no caminho certo. Então eu posso confessar com o salmista: "Foi bom para mim ser humilhado, para aprender tuas prescrições" (Sl 119,71.73).

Para São Bento, a transformação do corpo se manifesta em primeiro lugar nos gestos, na atitude corporal. Através do corpo podemos expressar se estamos abertos para Deus ou se estamos presos a nós mesmos, se nos fixamos em nós ou se nos deixamos mergulhar em Deus, se somos transparentes ou se nos fechamos para Deus, se nos ligamos unicamente a nós mesmos. A transformação do corpo refere-se à nossa fala, à nossa voz (10º degrau). Nossa fala nos diz se nossa relação com Deus está correta, se somos transparentes para Deus, ou se só temos ouvidos para nós próprios. A transformação do corpo inclui também o nosso sorriso (11º degrau). Existe um riso da libertação, um riso alegre, um riso dos redimidos. E existe o riso cínico, em que nos fazemos superiores a tudo, onde tratamos sem respeito a realidade, onde tudo deixa de ser sagrado para nós. Contra isto São Bento coloca o estar atento à presença de Deus, que nos cura e nos liberta. O estar atento se manifesta na atitude do meu corpo, nos meus gestos, como, por exemplo, na lentidão dos meus movimentos. A presença de Deus quer expressar-se até no interior do meu corpo (12º degrau). Na transformação do corpo, dos gestos, da voz, do riso, completa-se o caminho de transformação da humildade. Ela mostra que o homem inteiro, corpo e alma, está perpassado do espírito de Deus e deixa-se atravessar pelo amor divino.

A meta do caminho interior, tal como descrita por São Bento em seu capítulo sobre a humildade, é a perfeita caridade, o amor que lança fora todo o temor. O caminho para a pureza do coração e para a caridade perfeita passa pelo descer à realidade do próprio pensar e do próprio sentir, das paixões e dos instintos, do corpo e do inconsciente. A espiritualidade de São Bento começa lá embaixo, na realidade do homem, nas suas necessidades, nas suas feridas e chagas, nos contratempos do dia a dia, e, fazendo-nos descer, ela nos leva a subir para Deus, para o amor perfeito. A *caritas perfecta* faz com que deixemos de viver no medo, deixemos de viver por determinação alheia, faz com que deixemos de viver das expectativas dos homens ou das exigências do próprio superego, e que passemos a viver na tranquilidade e em consonância com nosso verdadeiro ser. O amor passa a ser nossa segunda natureza. Ele purifica o nosso coração, de modo que Deus pode voltar para ele seu olhar. São Bento descreve a caridade perfeita por meio de três expressões: *Amor Christi* significa o amor apaixonado e carinhoso a Cristo, a relação pessoal com Cristo a partir da qual o monge passa agora a viver; a *consuetudo ipsa bona* – o bom costume – significa que a observação dos mandamentos já não se dá a partir de fora e, sim, a partir de dentro, que o monge de tal modo cresce junto (*con-suetudo*) com a vontade de Deus, que, a partir de dentro, ele vive com correção e faz o que Deus deseja dele, o que corresponde ao seu verdadeiro ser; a *dilectatio virtutum* – o deleite nas virtudes – descreve o prazer com a própria força que nos foi dada por Deus. É nossa natureza transformada que corresponde à imagem que Deus faz de nós. Ela é operada pelo Espírito Santo. O Espírito Santo leva-nos à visão de Deus no amor. Acompanha-nos no descer à nossa condição humana e terrena, para transformar tudo pela raiz e nos preparar para a visão de Deus.

2.4. Aspectos psicológicos da espiritualidade de baixo

C.G. Jung lembra repetidas vezes que o caminho da encarnação passa pelo descer ao mundo inferior, ao inconsciente. Ele próprio cita Ef 4,9: "Mas que significa este 'subir' senão que antes ele desceu a esta terra?" E acha que a psicologia, malvista e injuriada por tantos cristãos, visa exatamente a isto. Pinta-se "a psicologia com as cores mais pretas possíveis, porque ela ensina – em perfeita consonância com o símbolo cristão – que ninguém pode subir sem que tenha descido antes" (2000: 263). Jung lembra que Cristo, como o grande renovador, foi julgado com os criminosos. Só poderemos assimilar a novidade de sua mensagem se estivermos prontos a nos deixar contar entre os criminosos, se nos reconciliarmos com o criminoso que existe em nós. O caminho para Deus, segundo Jung, passando pela descida às próprias trevas, leva-nos ao inconsciente, à região sombria do Hades. Partindo daí, o eu pode retornar com abundantes riquezas, assim como na lenda Maria de Ouro cai no poço, encontra lá embaixo o ouro e retorna com uma nova riqueza para o mundo de cima. Para Jung, é uma lei da vida que só podemos encontrar o caminho para o nosso eu e para Deus quando temos coragem de descer às nossas sombras e às trevas do nosso inconsciente.

Jung fala da inflação das pessoas orgulhosas, dos que se incham com elevados ideais, identificados com imagens arquetípicas, como, por exemplo, com a imagem do mártir, do profeta ou do santo. O identificar-nos com uma imagem arquetípica nos torna cegos para a própria realidade. Para Jung, a humildade é a coragem de olhar a própria sombra. O autoconhecimento tem uma imensa necessidade da humildade. A pessoa que não tem humildade procura reprimir seus lados desagradáveis. Só admitindo as próprias fraquezas é que podemos nos preservar dos mecanismos de repressão, que nos levam a não ver as sombras. Segundo Jung, a humildade é necessária também para nos relacionarmos com o inconsciente. Para ele, aquele que pretender arrebatar para si o inconsciente está sujeito ao risco da inflação. Com bastante frequência, o orgulhoso, o que identificou-se com as imagens arquetípicas, só pode ser curado dando com a cara no chão, sofrendo uma derrota moral e caindo no pecado.

Para Jung, a humildade é também a condição para podermos desenvolver a confiança nos outros, enquanto que o orgulho nos isola e nos exclui da comunidade humana: "Esconder sua qualidade inferior, bem como viver sua inferioridade, excluindo-se, parece que são pecados naturais. E parece que existe como que uma consciência da humanidade que pune sensivelmente todos os que, de algum modo ou alguma vez, não renunciaram à orgulhosa virtude da autoconservação e da autoafirmação e não confessaram sua falibilidade humana. Se não o fizerem, um muro intransponível segregá-los-á, impedindo-os de se sentirem vivos, de se sentirem homens no meio de outros homens" (1988: 56). Só poderei experimentar a comunhão com outras pessoas se estiver disposto a me aceitar com meus erros e minhas fraquezas. Enquanto tiver que esconder minhas fraquezas, eu só serei capaz de entrar em contato com os outros de uma maneira superficial. Mas o coração não entra em contato com o outro. Para Jung, a humildade constitui, assim, um requisito essencial para a comunidade humana. A alguém que procura de qualquer maneira falar com ele, Jung escreve: "Se a senhora está sozinha, é porque se isolou; e se for bastante humilde nunca ficará só. Nada nos isola mais do que o poder e o prestígio. Tente descer, seja humilde e jamais estará sozinha" (CARTAS III, 2003: 80).

Medard Boss, outro psicólogo suíço, confirma que o caminho para Deus é o caminho para o fundo de si mesmo: "Minha experiência própria, que concorda com a de outros psicoterapeutas, mostra que, quando nossos pacientes querem chegar à experiência do divino, eles precisam antes ter passado pela experiência do sensível, e, mais ainda, do corporalmente sensível. De fato, eu observo em meus pacientes, como também em muitos alunos sadios que fazem análise didática comigo, que, quando eles se envolvem de uma maneira até então desconhecida com a esfera do sensível, do criatural, do animal, e isto de uma maneira inteiramente concreta, chegando mesmo à sujeira e à lama, repentinamente surge neles alguma coisa inteiramente nova. É um outro mundo que, então, nasce neles, o mundo do espiritual, da religião, e isto sem que haja qualquer interferência da minha parte. Se o espiritual, o celeste e o religioso lhes fossem apresentados antes de se haverem envolvido com o criatural, com o terreno, então estaríamos diante de uma religiosidade exagerada, artificial, sem base sólida" (BITTER, 1958: 189). E Boss passa a falar então de pacientes católicos que têm medo das fantasias sexuais no sonho, porque, em sua educação, o sexo foi excluído. Mas o caminho do amadurecimento só leva ao próprio eu e a Deus quando está disposto a descer também à própria sexualidade. "Quando pessoas católicas fazem tratamento comigo, no momento em que despertam nelas estas esferas do sensível, do sujo, do anal, do sexual, quer em sonhos e fantasias da vigília, quer em ideias, desenhos ou coisas semelhantes, então elas ficam com medo, sentem-se pecadoras, e, com isto, levam-me a mim e a elas próprias aos maiores conflitos de consciência. Da minha parte, eu sei que, se não permitir isto em meus pacientes, eles não irão progredir, e também não chegarão a assumir sua inteira e verdadeira condição humana, que inclui seus instintos, nem irão chegar também a humanizar esta esfera" (BITTER, 1958: 189).

Roberto Assagioli, o criador da psicossíntese, fala do esquema do descer e subir, que é característico do caminho para chegar-se à plenitude humana. Ele enxerga este esquema apresentado de uma maneira magistral já na *Divina Comédia*, de Dante: "O significado simbólico central da *Divina Comédia* é uma maravilhosa imagem de uma perfeita psicossíntese. A primeira parte – a peregrinação pelo inferno – representa a pesquisa analítica do inconsciente mais profundo. A segunda parte – a subida ao monte do purgatório – descreve o processo de purificação moral e do paulatino surgir e crescer da esfera da consciência através de técnicas ativas. A terceira parte – a visita ao céu ou paraíso – descreve de uma maneira insuperável os diferentes estágios da realização supraconsciente, chegando à visão final do Espírito Universal, do próprio Deus, no qual o amor e a vontade são uma só coisa (ASSAGIOLI, 1988: 238s.). O caminho para Deus passa pela descida ao inferno. Aí o homem se depara muitas vezes com aspectos ameaçadores de seu inconsciente, imagens que podem estar relacionadas com as figuras dos pais. Assagioli convida seus pacientes a realizarem os passos da *Divina Comédia*, a descerem ao inferno, mas também a atravessarem o purgatório e subirem até o paraíso. Para ele, a transformação pode acontecer neste exercício.

O psicanalista Albert Görres interpreta a palavra de Tertuliano *caro cardo salutis*, "a carne como gonzo da salvação", considerando que sempre de novo a carne nos força a reconhecer com humildade nossa condição humana. A espiritualidade de baixo leva a sério o fato de nós homens não sermos anjos, mas termos nascido na carne, e de que o próprio Deus se tornou carne em Jesus Cristo. Exatamente a carne, como o dependermos de nossos afetos e paixões, é o gonzo da salvação. "Sem este gonzo, não existe conversão. O impaciente, o irado, o insatisfeito, o cobiçoso, este recebe nestes seus afetos a fatura exata, a escala onde podem ser lidas sua insuficiência, sua ingratidão, suas falsas exigências, da mesma maneira como a febre do enfermo pode ser lida no termômetro. Mas, justamente estes aspectos terríveis, mas ao mesmo tempo salvíficos, nos dão, sempre que se manifestam, a oportunidade de por eles iniciarmos uma catarse e uma correção de rota" (GÖRRES, 1967: 21s.). O corpo "ensina à maioria de nós que nós somos gente pequena e não grandes senhores. Ele nos preserva de nos considerarmos deuses e de nos confundirmos com Deus. O ser dependente de seres dos quais não dispomos, o depender do outro e dos outros, nossa radical não independência, nos preserva da ilusão de uma autossuficiência quase divina, de uma ilusão de orgulho a que sucumbiram anjos, mas a que só poucos homens sucumbem, e por tempo limitado, por exemplo, ditadores, faquires e professores. Fome e sede, necessidades e desejos nos garantem a cada momento que nós não somos Deus" (GÖRRES, 1967: 22). "Por felicidade, a fraqueza do homem faz com que sua maldade se manifeste fraca. Nossa miséria corporal nos fixa no céu: *cardo salutis*" (GÖRRES, 1967: 23). Com frequência a espiritualidade de cima pretende chegar a Deus esquecendo o corpo. Para ela é desagradável que o corpo force "o espírito às humilhantes trivialidades do serviço à matéria e ao metabolismo" (GÖRRES, 1967: 11). Desejaria elevar-se como os anjos acima de toda carne. Mas nosso caminho nos leva a Deus através da carne: *caro cardo salutis*.

K. Graf Dürckheim, que se sabe devedor da psicologia de Jung, fala do caminho do tornar-se adulto como de um caminho da experiência do ser. Para Dürckheim, este caminho passa também pela coragem de descer às próprias sombras, à própria solidão e à própria tristeza. O objetivo do processo de amadurecimento é que a imagem de Deus se torne manifesta, que o homem entre em contato com seu verdadeiro ser. É um caminho de transformação, onde a imagem ideal do homem adquire realce cada vez maior. Dürckheim, então, acha que o homem pode fazer tais experiências precisamente nos momentos de maior abandono. "São momentos em que atingimos os limites do nosso poder e da nossa sabedoria humana, em que fracassamos, mas em que depois fomos capazes de submeter-nos. E quando o velho eu, com seu mundo, desprende-se de nós e morre, neste momento nós sentimos nascer outra realidade.

Mais de um, quando viu a morte de perto, nas noites de bombardeio, na doença grave ou em outros momentos de perigo e de ruína, sentiu que justamente quando o medo atingia seu ponto culminante e as defesas interiores desmoronavam, no momento em que ele se submetia e aceitava a situação..., de um só golpe passava a sentir-se tranquilo, de repente ficava livre do medo e sentia que estava presente nele alguma coisa de que nem a morte nem a destruição podem se aproximar. Por um momento, nestas ocasiões, ele tinha certeza: 'Se eu sair desta, saberei de uma vez por todas de onde é e para que é que eu tenho de viver'. O homem não sabe o que é isto, mas de repente percebe dentro de si uma força diferente" (DÜRCKHEIM, 1968: 20). Experiências semelhantes o homem pode fazer quando experimenta a insensatez ou o desespero, ou quando é vítima de injustiça. "Mais de um passou aqui pela experiência de no momento em que ele cede, em que ele se entrega a si mesmo e, por conseguinte, aceita o inaceitável, de repente ele é inundado pelo ser, mas agora com um significado mais profundo. De um só golpe, o homem sente-se colocado em uma ordem inapreensível. A claridade o inunda" (DÜRCKHEIM, 1968: 20s.). Mesmo quando exposto à própria solidão, quando suporta a tristeza que o acomete, mesmo então o homem "pode repentinamente sentir-se acolhido, envolvido e protegido por um amor de que não saberia dizer quem o ama ou a quem ele ama. Simplesmente, como antes na força e na claridade, ele se encontra agora 'no amor', e com isto sempre em uma situação que também o faz ser testemunha viva de um ser que transcende todas as suas condições existenciais anteriores" (DÜRCKHEIM, 1968: 21). Para Dürckheim, portanto, muitas vezes o caminho para Deus passa pela experiência da própria necessidade, pelas ameaças de forças estranhas, do desespero, da injustiça, da solidão e da tristeza. Tendo a coragem de passar por estas experiências sombrias, o sentimento se transforma, e sobre o pano de fundo da necessidade manifesta-se o Deus que sustenta e liberta, o Deus que ama e que ilumina.

2.5. A espiritualidade de baixo nas histórias infantis

Um belo exemplo para espiritualidade de baixo é o conto das três falas. "Nele o herói, um menino tolo, é enviado ao mundo pelo pai a fim de aprender alguma coisa. Por três vezes ele volta para casa e, quando o pai pergunta o que aprendeu, ele responde da primeira vez: 'Pai, aprendi a fala do latido dos cães'; da segunda vez: 'A fala do canto dos passarinhos'; e da terceira: 'A fala do coaxar das rãs'. O pai, que encarna a atitude puramente racional, fica extremamente aborrecido, porque não sabe o que fazer com esta arte" (LAIBLIN, 1956: 295s.). O menino parte, então, em peregrinação e chega a um castelo onde deseja pernoitar. Mas o dono do castelo só tem lugar para ele na torre, onde moram os cães selvagens que já devoraram mais de um. Mas o menino é corajoso, ele leva alguma coisa para comer e não tem medo de subir à torre. Lá ele fala amigavelmente com os cães ladradores. E estes lhe revelam que só são ferozes assim porque são os vigias de um tesouro. E mostram-lhe o caminho para o tesouro, e ajudam-no a desenterrá-lo. O caminho para o meu tesouro, portanto, passa pelo diálogo com os cães ladradores, com minhas paixões, com meus problemas, minhas angústias e minhas feridas, com tudo quanto ladra dentro de mim e consome minha energia. Uma espiritualidade de cima haveria de prender os cães na torre e levantar junto dela um edifício de grandes ideais. Mas, com isto, se passaria a viver constantemente com medo de que os cães pudessem fugir e dilacerar a gente. A piedade caracterizar-se-ia então pelo medo dos instintos que nos espreitam e das contínuas tentações. Mas sobretudo a própria pessoa se exclui a si própria da vida. Tudo quanto nós reprimimos nos faz falta à nossa vida. Os cães ladradores têm muita força. Quando os prendemos, fica nos faltando a sua força, de que temos necessidade para o nosso caminho para Deus e para nós mesmos. A torre é uma imagem da autorrealização do homem. Ela é redonda, uma imagem da integralidade. Quando, por excesso de idealismo, amarramos nossos cães ladradores, nós passamos a viver permanentemente com medo de que eles fujam. Somos obrigados a fugir de nós mesmos, ficamos com medo de olhar para dentro de nós. Pois poderíamos correr o risco de nos deparar com estes cães perigosos. Quanto mais os amarramos, tanto mais perigosos eles se tornam. O que importa, pois, é termos a coragem de subir à torre e de falar amigavelmente com os cães ladradores. Então eles irão revelar-me qual o tesouro que guardam. Este tesouro pode ser uma nova vitalidade e autenticidade, pode ser o nosso verdadeiro eu, a imagem que Deus fez de mim para si.

Outro conto que mostra um aspecto da espiritualidade de baixo é o da "Senhora Holle" *[Frau Holle]*. Maria de Ouro *[Goldmarie]* é uma pobre menina que é atormentada e açoitada pela madrasta: "A pobre menina tinha que ir todos os dias para junto de um poço perto da estrada e ficar fiando até o sangue escorrer-lhe dos dedos". Quando vai lavar na fonte o fuso manchado de sangue, ele cai no poço. No desespero, ela mesma pula para dentro do poço. E, de repente, depara-se aí com o mundo maternal de Dona Holle. De repente, ela passa a participar da plenitude da vida. Laiblin, que interpreta este conto do ponto de vista da psicanálise, é de opinião que se trata de é uma confirmação do provérbio chinês: "Quem é oprimido em cima, com certeza volta-se para baixo" (LAIBLIN, 1956: 280). Quando chegamos em nossa vida a uma situação sem saída, pode ser útil simplesmente que a deixemos passar e que nos confiemos a Deus. Lá onde nosso próprio esforço depara-se com um limite, onde, apesar de toda boa vontade, só encontramos maiores sofrimentos, não seria bom simplesmente nos acomodarmos, nos resignarmos. Pular para o fundo do poço é a oportunidade para progredirmos a regiões novas, para conhecermos o reino da alma, onde somos presenteados com a chuva de ouro da dignidade que nos foi dada por Deus. É, ao mesmo tempo, o reino do Deus maternal. Pois Dona Holle representa a deusa Hulda da mitologia germânica. Ela é um símbolo do Deus maternal. Quando saltamos para dentro do poço, nós caímos em suas mãos. Para Drewermann, a madrasta de Maria de Ouro representa o mundo, enquanto Holle representa o mundo interior de Deus, a que temos acesso quando, como Maria de Ouro, temos coragem de descer ao fundo do poço. Chegando lá, Maria de Ouro descobre o lado interior das coisas, experimenta o mundo como um prado coberto de flores, sente que em si todas as coisas são boas, e que, com isto, ela adquiriu uma grande riqueza (cf. DREWERMANN, 1982). São precisamente as situações-limite que podem significar uma oportunidade para podermos penetrar mais profundamente no mistério do mundo e da própria alma, para descobrirmos novos horizontes, para encontrarmos a riqueza interior e assim experimentar a transformação.

A imagem do poço é também, numa história de Hubertus Halbfas, um símbolo importante de nosso caminho para Deus. Um jovem quer levar seus dois irmãos a um poço: "Quero conduzir-vos para lá, onde podereis saber a verdade sobre vós mesmos". Chegados ao poço, ele diz ao irmão mais velho: "Vou te amarrar e te fazer descer ao poço. Vê o que há lá embaixo". Mas o irmão mais velho ficou com medo de descer ao poço, como também o segundo. Só o mais jovem é que se deixa descer (cf. HALBFAS, 1981). Ele tem coragem para passar por todas as suas sombras e chegar até o fundo. Durante um curso, certa vez eu convidei os participantes a imaginarem que estavam sendo descidos em uma corda para o poço e a contarem o que aí encontraram. Muitos ficaram com medo das ideias que lhes ocorreram. E depois tiveram que imaginar o que haviam experimentado lá no fundo. Um encontrou uma fonte cristalina que lhe matou a sede. Outro encontrou o pai que o introduziu no mistério da vida. E outros encontraram uma bela paisagem, ou descobriram pérolas preciosas. O caminho para uma nova qualidade de vida passa pela descida ao fundo do próprio poço.

Na história da chave de ouro, um pobre menino, ao remover a neve para acender o fogo, encontra uma chave de ouro. Continuando a cavar, ele descobre uma caixinha de ferro. A chave dá na fechadura. "Ele, então, deu uma volta na chave, e agora nós temos que esperar que ele dê a segunda volta e abra a tampa, para então conhecermos as coisas maravilhosas que se encontram dentro da caixa" (LAIBLIN, 1956: 276). Também aqui o tesouro se encontra lá no fundo. E é antecedido por uma situação de necessidade, a qual o jovem procura resolver com os meios de que dispõe. A história quer nos dizer "que no fim de nossos 'cansativos desvios' (Plutarco), de nossos esforços subjetivos na escuridão e no erro, na necessidade, na angústia e na falta do necessário, nos espera o ser levados a algo inteiramente novo, a uma coisa que traz a salvação, como um inesperado e delicioso presente de alguém que ocultamente nos conduz" (LAIBLIN, 1956: 277). Laiblin chama a este tipo de conto de história-dos-dois-mundos. "Uma situação de conflito sem saída, um destino de diminuição ou de suspensão da vida", leva o herói a descobrir um mundo diferente e lá encontrar uma força ou uma fonte de vida que ele não conhecia, ou que havia perdido. Lá no fundo, encontra-se um bem precioso que o herói pode levar consigo para o seu mundo, que o ajuda em seu caminho e que o faz totalmente íntegro e são.

As histórias que têm como tema os dois mundos apontam-nos todas elas para o caminho da espiritualidade de baixo. Temos que descer até o fundo para descobrirmos uma nova fonte para a nossa vida. Temos que descer para podermos renovar a vida que se tornou vazia e ressequida. A força da transformação nós não a encontramos onde vivemos, mas, sim, lá embaixo. O caminho para o fundo do poço passa pela confiança, pelo desapego, pelo deixar acontecer. Não posso percorrer este caminho por meus próprios critérios, mas somente quando for chamado. Só aquele que escuta a voz da vida e lhe presta ouvidos é que pode encontrar lá embaixo a fonte da vida. Quem "vai na imaturidade, isto é, pelo próprio alvitre, por curiosidade ou por interesse, este corre o risco de ser escarnecido e castigado pelos do outro lado" (LAIBLIN, 1956: 279), como, por exemplo, Maria do Azar (*Pechmarie*). Muitas vezes, só o desespero ou um fracasso é que me força a percorrer o caminho para baixo, para aí encontrar a fonte.

3
Desenvolvendo a espiritualidade de baixo

A espiritualidade de baixo significaria que nós buscamos a Deus exatamente em nossas paixões, em nossas enfermidades, em nossas feridas, em nossas voltas e rodeios, em nossa impotência. Poderíamos considerar o conto das três falas como uma imagem da espiritualidade de baixo. Então nós viveríamos de acordo com ela quando dialogássemos com nossas paixões, com nossas enfermidades e nossas feridas. Poderíamos nos interrogar o que é que Deus deseja nos dizer por meio delas, e como justamente através destas coisas ele deseja nos conduzir ao tesouro na torre de nossa vida. Só podemos encontrar o tesouro dentro de nós se descermos ao fundo de nossa torre. Muitos dos que querem alçar voo e procurar o tesouro nas alturas terminam caindo miseravelmente, sem que jamais o encontrem. Muitos dos que correm atrás dos ideais exteriores jamais entram em contato com seu verdadeiro ser. Eles usam os ideais para satisfazerem à sua ambição. É verdade que, às vezes, podem realizar grandes coisas, mas nunca irão descobrir o seu verdadeiro eu. Passam ao largo da verdadeira vocação a que Deus os destinou. Deveríamos deixar que os cães ladradores nos levassem para o chão e nos mostrassem o lugar onde o tesouro está enterrado. Os cães ferozes podem até nos ajudar a desenterrar o tesouro. Ou nós podemos, uma vez chegados a um limite e não encontrando mais saída, saltar para dentro do poço, na esperança de que Deus nos dê uma nova visão e nos abra novas possibilidades.

O caminho para o tesouro, para o verdadeiro eu, é um dos aspectos da espiritualidade de baixo. O outro aspecto é a experiência do fundo do vale, da própria impotência e incapacidade, que então passa a ser o salto para a graça de Deus. Lá embaixo eu consigo não apenas ser salvo. Lá onde eu chego ao fim, aí sou lançado inteiramente aos braços de Deus. Ali onde eu capitulei diante de Deus, onde entendi que por minhas próprias forças jamais poderei sair do lamaçal, onde compreendi que eu próprio não posso me fazer melhor, é aí que posso começar uma relação pessoal com Deus. Aí eu posso sentir quem é Deus e o que é a graça de Deus. No acompanhamento espiritual, sempre de novo nós sentimos como as pessoas vivem desenganadas consigo mesmas por não conseguirem realizar o próprio programa espiritual que estabeleceram, por sempre de novo fracassarem, apesar de todos os esforços. Em vez de as estimular a terem mais força de vontade para evitar todos os erros, tentamos mostrar-lhes que esta é uma experiência espiritual decisiva. Nós não temos garantia alguma para nós mesmos. Não podemos fazer de nós o que desejamos. Mas precisamente onde já não conseguimos fazer mais nada, onde nossas próprias ideias fracassaram, onde segundo os padrões humanos tudo dá errado, é aí que Deus quer nos tocar e nos mostrar que tudo é graça.

Nestas experiências dos próprios limites e da própria impotência nós percebemos, na opinião de Karl Rahner, a ação do Espírito Santo. A experiência do Espírito Santo justamente nas situações-limite e na entrega a Deus é descrita por Rahner com estas palavras: "Já tentamos alguma vez amar a Deus ali onde não somos mais impelidos por nenhuma onda de entusiasmo sensível, onde já não é possível nos confundirmos a nós mesmos e nosso impulso vital com Deus? Ali onde parece que estamos morrendo deste amor, onde ele se nos apresenta como a morte e a negação total, onde ele parece nos estar gritando no vazio e não sermos ouvidos? Ali onde temos a impressão de que estamos saltando para um abismo sem fundo, onde tudo parece tornar-se incompreensível e não ter o mínimo sentido?" (RAHNER, 1957: III, 106). E conclui: "Quando aquilo que nós podemos pegar e definir começa a desaparecer, quando o que pode ser desfrutado desaparece da nossa vista, quando tudo ecoa como um silêncio de morte, quando tudo passa a ter o gosto da morte e da perdição, ou quando tudo desaparece em uma cinzenta, inominável e inapreensível beatitude, é então que age dentro de nós não apenas o espírito, mas o próprio Espírito Santo. Esta é, então, a hora de sua graça. É aí que sentimos o ameaçador abismo de nossa existência, que o abismo insondável de Deus nos é comunicado, que começa a manifestar-se a chegada do infinito onde não existem mais estradas, que é experimentado como um nada porque não possui limites" (RAHNER, 1957: 108).

Para o programa dos 12 passos dos Alcoólicos Anônimos, a condição para podermos experimentar a graça de Deus sempre é o aceitar a própria impotência, a bancarrota da própria vontade, da própria força para dominar a doença. Só depois de admitir que jamais terá forças para dominar a bebida é que o alcoólico pode confiar em Deus sem reservas. É no momento em que ele capitula em suas próprias tentativas que a relação com Deus pode crescer. E na relação com Deus ele pode encontrar a cura. Hermann Hesse experimentou no próprio corpo este paradoxo do empenho humano. Em uma carta, ele escreveu que nosso caminho na luta pelo bem inevitavelmente leva ao desespero, "isto é, à compreensão de que não existe um alcançar a virtude, uma obediência integral, um serviço que nos satisfaça, de que é impossível alcançar a justiça, de que é impossível alcançar a bondade. Este desespero leva ou à ruína ou, então, a um terceiro reino do espírito, à experiência de um estado situado para lá da moral e da lei, a um avanço para a graça e a redenção, a uma nova e mais elevada espécie de irresponsabilidade, em suma, para a fé" (HESSE, 1957: 389). Só quando em nosso empenho por uma vida segundo a vontade de Deus chegarmos a admitir que jamais conseguiremos nos transformar, só então é que haveremos de entender o que é a fé, o que é nos deixar cair inteiramente nos braços de Deus, o que é nos entregar a ele. Na espiritualidade de baixo trata-se, portanto, não apenas de eu crescer humanamente e descobrir meu tesouro passando por meus próprios pensamentos e sentimentos, pelas próprias feridas e doenças, mas de passar pela experiência da fé justamente quando tiver chegado ao fim das minhas possibilidades, de crescer na relação com Deus lá onde eu me sinto inteiramente só.

3.1. Dialogar com as ideias e os sentimentos

A espiritualidade de baixo significa escutar a voz de Deus nas coisas que pensamos e sentimos, nas nossas paixões e necessidades. Deus nos fala em nossos sentimentos e em nossas paixões. Só quando lhes prestamos ouvidos é que descobrimos a imagem que Deus se faz de nós. Às emoções e paixões nós não podemos atribuir notas ou valores. Todas elas possuem um sentido. O que importa é compreendermos para onde por elas Deus está nos apontando. Muitos se condenam por causa de seus sentimentos negativos, como ira e raiva, como ciúme e desânimo. Tentam – muitas vezes "pedindo a ajuda de Deus" – combater estes sentimentos para se libertarem deles. A espiritualidade de baixo significa que eu preciso reconciliar-me com todas as paixões, com todas as emoções. Todas elas podem levar-me a Deus. Não preciso senão descer até onde elas se encontram e interrogar o que elas têm a dizer-me. Para a espiritualidade de cima, as paixões existem sobretudo para serem dominadas e superadas. O ideal do equilíbrio, do amor ao próximo, da amabilidade, exige que eu domine a ira e a raiva. Mas em minha raiva muitas vezes Deus pode falar-me e mostrar o tesouro enterrado que existe em mim. Quando procuro escutar minha raiva, talvez ela me diga que estou vivendo contra a minha própria natureza, que eu não aceitei a imagem que Deus pensou para mim. A raiva muitas vezes indica que entreguei poder demasiado aos outros. Que sempre não fiz outra coisa senão cumprir expectativas dos outros, que não dei ouvidos a mim mesmo e às minhas necessidades. Que não vivi eu mesmo. Os outros se aproximaram demais de mim. Ultrapassaram meus limites e provocaram-me feridas. Em vez de reprimir a raiva, o caminho para descobrir o tesouro dentro de mim, para encontrar em mim a imagem que Deus fez de mim, seria o diálogo. A raiva é a força para desvencilhar-me do outro que me feriu, e assim criar em relação a ele uma sadia distância. Só quando eu tiver lançado fora de mim o outro é que também posso perdoar-lhe, e desta forma realmente libertar-me do poder que ele exerce sobre mim. Precisamente para as mulheres que na infância foram vítimas de abuso sexual, para elas é importante que entrem em contato com a própria raiva e joguem fora de si mesmas aquele que as abusou. Esta é a condição para que sua ferida possa sarar.

Mas também existe uma raiva que simplesmente toma conta de mim, com a qual eu não consigo mais entrar em diálogo. Não sou capaz de reconhecer o sentido que tem, não consigo reconhecer nela a voz dos cães ladradores. Esta pode então vir a ser o poço para onde eu devo saltar, assim como Maria de Ouro na lenda, quando não podia mais ir adiante, quando toda reflexão já não tinha sentido, quando teve que saltar para o poço. Talvez, então, no fundo do meu poço, eu também possa descobrir um prado florido, e de repente tudo se transforme em mim e ao redor de mim. Talvez encontre no fundo de minha raiva uma fonte de energia, talvez minha raiva transforme-se então em alegria de viver. Ou talvez em minha incapacidade para me libertar de minha raiva ou para conviver com ela eu reconheça que preciso desistir do meu próprio esforço e simplesmente entregar-me nas mãos de Deus. A minha raiva aponta-me então para minha relação

69

com Deus. Nunca conseguirei libertar-me da raiva. Mas sempre de novo ela pode vir a ser um incentivo para eu entregar-me a Deus. Portanto, mais uma vez são três os caminhos da espiritualidade de baixo: primeiro, o dialogar com os pensamentos e sentimentos; segundo, o descer até o fundo, o mergulhar nas emoções e nas paixões, o senti-las até o fim, até que se transformem e que no fundo delas eu descubra novas possibilidades e encontre Deus; e, terceiro, o capitular diante de Deus, o reconhecer que por minhas próprias forças não irei adiante, o entregar-me a Deus, o deixar-me cair nas bondosas mãos de Deus, ou, como descreve a lenda, o salto para dentro do poço.

Certas pessoas pensam que a raiva seria uma qualidade de caráter, que não pode ser modificada. Mas quando eu começo a dialogar com minha raiva, ela se comprova como sendo um grito, um clamor pela vida. Muitas vezes ela aponta para situações da infância em que a pessoa deixou de ser levada a sério em suas peculiaridades, em seus sentimentos próprios. Então, talvez tenha sido absolutamente necessário nos defendermos furiosamente contra o não ser levado a sério, para não sermos mais pisados ainda em nossos sentimentos e assim evitar que fôssemos sufocados. Naquele momento, a fúria era importante até mesmo para podermos sobreviver. Mas agora ela já não é mais uma boa estratégia. Pelo contrário, muitos sofrem com suas raivas intensas e tornam a vida mais difícil para si próprios e para os que convivem com eles. O diálogo com a raiva poderia nos fazer entrar em contato com o desejo secreto de termos nossos próprios sentimentos pessoais. Mas também existem pessoas para as quais o diálogo com a raiva não ajuda a progredirem. Tais pessoas precisam com toda humildade reconciliar-se com seus sentimentos descontrolados e sempre de novo deixarem-se conduzir por ela à própria impotência, onde não lhes resta outra saída senão entregar-se a Deus.

Muitas pessoas padecem com medos de toda espécie. Uma reação comum consiste em querer dominar o medo por meio de um tratamento, ou, então, em pedirem a Deus instantemente que lhes tire o medo. Mas tanto num como noutro caso estas pessoas permanecem fixadas sobre o medo e desejam libertar-se dele a qualquer custo. Mas então deixam de entender a mensagem do medo. Se o medo não existisse, nós também não ficaríamos dentro dos limites razoáveis. Estaríamos constantemente sobrecarregados. Muitas vezes um medo exagerado nos leva a uma atitude falsa perante a vida. O medo muitas vezes nos é provocado por nosso perfeccionismo. Quando em toda parte eu tenho que ser o melhor, quando numa discussão tenho que ter sempre argumentos indiscutíveis, quando espero que todos considerem minha contribuição "espetacular", então eu vivo constantemente com medo de cair no ridículo. Minhas expectativas são tão altas que me levam a sentir medo. A terapia cognitiva do comportamento acha que o medo nos mostra os falsos pressupostos básicos, como, por exemplo: "Eu não posso errar, do contrário não valho nada. Não posso cair no ridículo, senão serei rejeitado". Dialogar com o medo poderia nos ajudar a desenvolver atitudes básicas mais humanas: "Eu posso, por que não, ser o que sou. Posso errar. Posso cair no ridículo. Minha dignidade está dentro de mim. Não me será tirada se for ridicularizado". Porém não se trata de um truque para eu me livrar do medo. O medo pode ser um convite para eu conviver melhor comigo mesmo, para encontrar uma imagem mais adequada de mim. Mas também pode acontecer que dialogar com o medo de nada sirva, que apesar de todas as tentativas ele continue presente e me mantenha paralisado. Então o medo impele-me para Deus. Então nada mais me resta senão confessar minha impotência, confessar que nunca saberei enfrentar o medo. O medo é, então, o fundo do vale, de onde poderei partir para encontrar o caminho para Deus. Então o medo força-me a enfrentá-lo espiritualmente, a expor-me nele diante de Deus, ou a no medo pronunciar uma palavra da Bíblia, como, por exemplo: "Ainda que eu ande por um vale tenebroso, não temo mal algum, porque estás comigo" (Sl 23,4). Ou: "O Senhor está comigo, nada temo. O que poderão fazer-me os homens?" (Sl 118,6). O medo haveria, então, de ser um desafio espiritual e um teste para saber a seriedade com que estou me ocupando com Deus e com as coisas que são permitidas por Deus. Se realmente eu acredito que Deus está comigo, com isto o medo ainda não irá desaparecer. Mas, em meio ao medo, eu poderia encontrar uma âncora para poder fixar-me. Haveria, então, de reconciliar-me com o medo e não entraria em pânico a qualquer pequeno temor. Um outro recurso consiste em admitir o próprio medo, mas ao mesmo tempo acreditar que existe dentro de mim um espaço onde o medo não pode penetrar. Minhas emoções são marcadas pelo medo, mas ao mais profundo de mim o medo não pode seguir-me.

Às vezes nós sentimos medo de nós mesmos. Reprimimos nossa agressividade e ficamos com medo de que ela possa explodir. Uma mulher experimenta um medo irracional de poder provocar a morte de seu filho, que ela tanto ama. Um diálogo com este medo poderia manifestar-lhe que, ao lado do amor, ela possui também sentimentos de agressão contra o filho. É perfeitamente compreensível que uma mãe que se ocupa com o filho 24 horas por dia também experimente sentimentos de agressão. Vez por outra, ela também gostaria de estar só consigo mesma. Os sentimentos de agressão mostram que ela precisa ter uma distância maior em relação ao filho. Mas, em sua espiritualidade de cima, ela não consegue admitir que também pode ser agressiva. Tinha um elevado ideal de mãe. Como mãe deveria ser sempre amável com o filho. Quanto mais elevado punha este ideal, tanto mais forte se fazia sen-

73

tir o polo contrário, a agressão. Assim o diálogo com o medo poderia levar esta mãe a, no cuidado pelo filho, também cuidar melhor de si própria. O medo sempre possui algum sentido. Basta entendermos sua linguagem para descobrirmos também o tesouro que ele quer nos apontar.

Mas também existem medos necessariamente ligados à existência humana, como o medo da solidão e o medo da morte. Aqui o que importa é admitir o medo e segui-lo até às raízes. No mais profundo de mim, eu me encontro. Existem áreas para onde ninguém pode acompanhar-me. Hermann Hesse entende a condição humana como o ser solitário: "Vida é solidão. Ninguém conhece o outro, todo mundo está só". Para Paul Tillich, religião é aquilo que cada um faz com a sua solidão. Quando fico de bem com minha solidão e com o medo da solidão, então eu posso descobrir o mistério de minha existência: "Aquele que conhece a solidão última conhece as últimas coisas" (F. Nietzsche). A solidão, o estar só, pode levar-me à profunda experiência de estar unido ao todo. Em última análise, minha solidão me encaminha para Deus. O filósofo católico Peter Wust experimentou isto em sua última solidão antes da morte: "Acredito que a razão mais profunda de toda solidão humana é a saudade de Deus". Na morte, cada um está sozinho. "A morte significa a solidão completa e última. Ela nos faz solitários e nos mergulha na solidão extrema" (SCHÜTZ, 1988: 277). Assim a solidão pode ser um desafio para que eu me entregue a Deus inteiramente e sem reservas. Então a solidão tornar-se-á fecunda para mim, se transformará na fonte de minha espiritualidade.

Apesar de acreditarmos na ressurreição, o medo da morte sempre irá permanecer. Não posso senão admitir o medo e dizer a mim mesmo: "Sim, eu vou morrer. Posso morrer em um acidente, posso morrer de câncer ou por um infarto. Em última análise, não posso defender-me da morte". Quando admito isto, eu sou forçado a refletir sobre minha condição humana: Em que consiste a vida, qual o sentido de minha vida? O medo da morte leva-me às questões básicas da existência humana. Através do medo, eu posso chegar a uma nova compreensão das verdades cristãs, a entender que, pelo batismo, eu ultrapassei a barreira, que morri com Cristo e que a morte não tem mais poder sobre mim. A imagem que Deus fez de mim é imperecível. Só na morte é que ela irá resplandecer com sua verdadeira beleza.

A espiritualidade de baixo também convive de maneira diferente com nossos instintos. Eu não tento dominá-los, mas, sim, transformá-los. Ela se interroga para onde os instintos querem nos levar. Hoje existem muitas pessoas que têm dificuldades com a comida. Muitas têm que lutar em vão contra isto a vida inteira. É verdade que o jejum pode ser uma boa maneira de nos libertar dos excessos da comida. Mas quando eu me castigo com o jejum por haver comido demais, eu sempre estou girando em torno da comida ou do jejum. Mais importante seria que eu me interrogasse qual a razão por que eu quero comer sempre mais, qual o anseio que se esconde por trás do meu vício. Quando entrar em contato com este anseio, também o meu vício irá se modificar. No comer está presente o desejo de gozar. A cura consistiria antes em aprender a gozar e em conceder-me a boa comida. Pois de acordo com a mística da Idade Média o objetivo da vida espiritual é desfrutar Deus, *frui deo*. Quem se proíbe a si mesmo todo e qualquer prazer, este também não pode experimentar nada de Deus. A verdadeira ascese não consiste em renunciarmos, em nos mortificar, mas, sim, em nos exercitarmos na condição humana, nos exercitarmos também no saber gozar.

Coisa semelhante acontece com a sexualidade. Muitas vezes nós a encarceramos na torre, com receio de que os cães ladradores nos dilacerem. Mas, então, sentimos falta de sua força para o nosso próprio esforço vital e nossa espiritualidade. Uma espiritualidade que encarcere a sexualidade terá que viver constantemente com medo dos instintos que nos espreitam e nos acometem. Quando consideramos a sexualidade apenas como algo a ser dominado, nós estamos com uma visão negativa. A sexualidade é a fonte mais importante para a nossa espiritualidade. Quando a olhamos com simpatia e – como o jovem da lenda – dirigimo-lhe amigavelmente a palavra, ela pode nos apontar o tesouro no fundo de nós, o tesouro de nossa vitalidade e de nossos anseios espirituais.

Talvez, então, ela possa nos dizer: "Tenta viver realmente, tenta amar realmente. Do jeito que vives agora, estarás vivendo à margem de ti mesmo e à margem da vida. Não te dês por satisfeito meramente com uma vida correta! Dentro de ti existe o anseio por uma vida e um amor mais profundo. Confia em teus anseios! Entrega-te à vida, entrega-te às pessoas, ama-as de coração! E ama a Deus com todo o teu coração, com todo o teu corpo e com toda a tua paixão! Não descanses enquanto não tiveres subido a Deus e te tornado um com ele!" Mas não se trata apenas de descer ao fundo da torre e de dialogar com minha sexualidade para descobrir o tesouro que ela quer mostrar-me. Muitas vezes a sexualidade nos ataca de tal maneira que não conseguimos, sequer, dialogar com ela. Simplesmente ela nos domina, toma posse de nós. Muitos sofrem com a masturbação. E quase sempre a luta termina com uma decepção. Em vez de, então, nos castigarmos com sentimentos de culpa, mais proveitoso seria que confessássemos nossa impotência para dominar a sexualidade. Para muitos, o não serem capazes de dominar a sexualidade é um fato salutar. Força-os a confessarem humildemente que são homens de carne e osso, que não podem transformar-se à força em pessoas puramente espirituais. Os monges constantemente nos repetem que primeiro precisamos confessar nossa fraqueza. Só então Deus nos livra da luta. Podemos ler assim em um aforismo: "Um irmão consultou o patriarca Agatão por causa da luxúria. Ele explicou-lhe: Vamos, lança tua fraqueza diante de Deus, e encontrarás repouso" (Apo 103). Só quando o jovem monge confessa sua fraqueza, quando admite não ser capaz de dominar a sexualidade, só então é que Deus, através da fraqueza, pode conduzi-lo a uma nova liberdade. Existem estas duas experiências: ou alcançar a paz consigo mesmo e com Deus pela fraqueza frente à sexualidade, ou transformar a sexualidade, como é feito, por exemplo, no tantrismo. Nele, a excitação sexual é conscientemente usada para despertar a força espiritual. A sexualidade é considerada como uma força espiritual que nos impele para Deus. Na espiritualidade de baixo nós aceitamos nossa sexualidade com gratidão, porque sempre de novo nos lembra que nossa vida espiritual culmina na alegria da vida, que não devemos ficar satisfeitos com uma vida correta, mas que podemos nos superar no êxtase divino. Em nossa tradição espiritual, quase sempre a sexualidade tem sido olhada de uma forma muito negativa, como a paixão que nos afasta de Deus. É claro que a sexualidade pode nos possuir de tal forma que ficamos inteiramente fechados em relação a Deus. Mas existe também a experiência espiritual de a sexualidade sempre de novo nos lembrar o anseio de com todo amor e paixão nos fundirmos com Deus e o experimentarmos como a realização de todos os nossos anseios.

Profundamente enraizada em nossa natureza está a ambição de dominar nossos sentimentos negativos, como tristeza e susceptibilidade. Muitas e muitas vezes, no entanto, nós passamos pela experiência de não sermos capazes de simplesmente expulsar estes sentimentos através de pensamentos positivos. Algumas pessoas pedem a Deus incessantemente que as livre de sua depressão. Mas, neste caso, a oração destas pessoas está girando unicamente em torno de si mesmas. Uma irmã sempre de novo passava por crises de profunda tristeza. Quando julgava que outra irmã não lhe dava atenção, quando não estava satisfeita com o trabalho ou com o excesso de trabalho, ou por qualquer outro pretexto, de repente sua alegria podia se transformar em uma sombria tristeza. E sempre de novo ela se acusa de não progredir apesar de todo acompanhamento terapêutico e espiritual. Fica decepcionada consigo mesma, perde a confiança em si. Seria uma ilusão achar que existe algum truque espiritual ou psicológico que pudesse libertá-la para sempre destas crises de tristeza. A questão é saber por que ela deseja libertar-se da tristeza. Será esta realmente a vontade de Deus, ou será apenas a vontade dela mesma? Será que ela se entristece por não corresponder ao ideal de uma pessoa que vive sempre a partir de Deus, que pela oração e meditação se torna sempre mais tranquila e paira acima das coisas? Mas será que este ideal é de fato a verdadeira imagem que Deus destinou para ela? Ou não será que ela quer encobrir a imagem de Deus com uma imagem própria, mais a seu gosto, mais perfeita e mais ideal? Não estaria querendo servir-se de Deus para ajudá-la a pôr em prática seus próprios ideais? Por muito tempo, ela achou que, pela oração e meditação, conseguiria libertar-se da própria susceptibilidade. Mas o caminho não é este. Pois então estaria usando Deus para livrar-se de suas experiências desagradáveis. Mas, no fundo, seu interesse não estaria em nada voltado para Deus. Se em sua espiritualidade é Deus que antes de tudo importa, e não uma vida tranquila e satisfeita, então ela não irá encontrar Deus desviando-se de sua tristeza, mas, sim, passando por ela, atravessando-a. O caminho seria admitir a própria tristeza e susceptibilidade: "Sim, eu me sinto ofendida, e isto me dói". Quando eu não apenas falo com minha tristeza, mas mergulho nela, quando procuro ir até sua raiz mais profunda, então ela poderá transformar-se para mim em uma experiência ao mesmo tempo doce e amarga. Então, de repente, eu sinto que minha tristeza é um sentimento muito profundo, que nela eu antevejo um pouco do peso da vida e do mistério do ser. Então me faz bem admitir a tristeza. Nada impede que ela se transforme em um belo sentimento, em uma antevisão de que muitas ilusões em mim ainda precisam ser desfeitas antes que eu possa reconhecer e sentir a verdade da minha vida e a verdade de Deus.

Precisamente no terreno das relações interpessoais, muitas vezes existem problemas em que não adianta eu entender a linguagem dos cães ladradores. Se em uma comunidade eu sempre de novo sou excluído, se não sou entendido, é certo que sempre posso me interrogar pelas causas e tentar aprofundar o diálogo para esclarecer os equívocos. Mas, muitas vezes, fica a sensação de estar sendo excluído, de não ser entendido. Não adianta então se estar sempre pelejando para ser entendido e aceito. Quanto mais eu giro em torno de ser aceito por todos, tanto menos o irei conseguir. Não me resta, então, outra alternativa senão considerar a situação da comunidade como um desafio espiritual. Tanto na comunidade do convento como no matrimônio existem situações tão complicadas que não têm solução. Situações como estas forçam-me a buscar apoio e segurança em Deus. Exatamente quando não estou satisfeito com a comunidade, eu tenho que me interrogar até que ponto estou levando a sério a palavra do salmo: "O Senhor é meu pastor, nada me faltará" (Sl 23). Será que eu espero de Deus apenas a confirmação de meu bem-estar, ou será que com Teresa de Ávila posso dizer que Deus só me basta? Problemas insolúveis de convivência mútua poderiam ser um teste para saber até onde estou comprometido com Deus. Aqui eu posso aprender a construir unicamente em Deus, a dirigir meus desejos unicamente para Deus e só dele esperar a salvação e a plenitude. Quando não acho segurança e acolhimento nos outros, então preciso procurá-la em mim. Dentro de mim existe um espaço aonde não podem chegar as alfinetadas dos outros, um espaço onde Deus mora em mim, onde verdadeiramente eu me acho em casa, porque Deus, o mistério de Deus, mora ele próprio dentro de mim. A decisão, então, depende de mim: Irei ficar toda vida me lamentando e girando em torno do fato de não ser compreendido, ou irei aproveitar para crescer em Deus mais ainda e ainda mais profundamente?

Estes são apenas alguns exemplos que mostram como a espiritualidade de baixo poderia ser. Ela se manifesta sobretudo em nos inclinarmos para o que está em nós, em levarmos a sério os sentimentos que surgem em nosso íntimo, em não nos condenarmos por sentir alguma emoção ou por experimentarmos alguma paixão. Antes, admitimos que Deus nos está falando justamente através deste sentimento ou desta paixão, que ele deseja nos mostrar que estamos nos desviando de nosso verdadeiro ser. O diálogo com os sentimentos e as paixões poderia voltar nossa atenção para as áreas reprimidas que constituem uma parte substancial de nós e sem as quais a nossa vida ficaria mais pobre. Ou, então, as emoções que costumamos nos proibir poderiam nos pôr em contato com a imagem que Deus formou de nós, mas que nós tantas vezes preferimos recobrir com nossas próprias imagens e ideais. Com frequência nossa imagem ideal é dominada pelo desejo de sermos amáveis e compreensivos. Mas com esta imagem ideal nós deformamos a imagem que Deus formou de nós. É possível que em mim queira manifestar-se uma coisa inteiramente diferente, uma coisa única, algo que Deus desejaria desenvolver em mim, mas que eu reprimo porque não corresponde às minhas ideias.

Mas, ao mesmo tempo, eu sinto que em minha espiritualidade de baixo sempre de novo se infiltra a ambição de eu mesmo ser capaz de mudar, de eu mesmo encontrar o caminho para Deus, não da mesma forma que na juventude, é claro, mas de qualquer maneira eu mesmo. Porém, a espiritualidade de baixo significaria exatamente confessar que nunca irei encontrar um método para me salvar por mim mesmo, para me transformar por mim mesmo. Pelo contrário, sempre de novo eu tenho que me dizer: apesar de todo o teu esforço na vida espiritual, apesar de todos os livros que escreveste, sempre estarás lutando com os mesmos problemas, nunca irás te libertar de tua sensibilidade e ambição. Só esta confissão da minha fraqueza é que realmente pode fazer com que eu me abra para Deus. Aqui eu sinto que só preciso estender minhas mãos para entregar-me inteiramente a Deus. Por isso me senti fortemente impressionado pelas palavras finais do romance "O fim de um caso". Aí nós ouvimos o escritor, que se apaixonara por Sarah, e que agora, depois de ela morta, toma um copo de cerveja em companhia do marido, rezar assim: "Ó Deus, agiste bastante, tiraste-me coisas bastantes. Sinto-me cansado, velho demais para recomeçar a amar. Por isso, eu te peço, deixa-me ficar só para sempre" (GREENE, 1974: 183). Passadas todas as paixões e aventuras com sua amada, no final ele não consegue fazer outra coisa senão entregar-se a Deus. Não foram suas virtudes que o levaram a ter esta experiência de Deus, mas, sim, o fracasso do seu amor proibido. Com palavras semelhantes, reza também o pároco da roça no romance de George Bernanos: "Estou inteiramente nu, Senhor, como só tu és capaz de desnudar, pois nada escapa à tua terrível providência, ao teu terrível amor" (BERNANOS, 1949: 201). Em algum momento eu estarei cansado de todas as tentativas de me modificar. Nesse momento minha tentativa de me lançar em Deus já não será mais uma virtude de que possa orgulhar-me, mas, sim, a expressão de um completo desnudamento. Então deixar-me-ei cair em Deus, porque esta é a única possibilidade que ainda me resta. Só então estarei livre de todo anseio de sempre de novo querer fazer de minha espiritualidade uma realização minha.

3.2. Conversando com minhas enfermidades

A espiritualidade de baixo nos ensina também a conviver de uma maneira diferente com a doença. Existe em nós o desejo inconsciente de viver sem nunca adoecer. Muitas vezes nós sentimos a doença como se fosse uma derrota. Não temos controle sobre nós mesmos a ponto de ficarmos acima das coisas. Podemos ser infectados por um vírus, nosso corpo reage às pressões e às dificuldades. Então, muitas vezes, nós ficamos com raiva e sentimos vontade de voltar a controlar o corpo por meio de medicamentos, de boa alimentação, da prática do esporte. Um estilo de vida sadio certamente é um bom caminho para a pessoa lidar consigo mesma e com suas necessidades. Mas se acharmos que existe um estilo de vida que seja capaz de nos garantir a saúde, estaremos pagando tributo a um falso ideal de perfeição. Com bastante frequência a doença é uma oportunidade para descobrir o tesouro dentro de nós. Se jamais adoecêssemos, nós continuaríamos vivendo na superfície, continuaríamos sem aceitar nosso verdadeiro ser. Por natureza nós não somos tão sensíveis para Deus ao ponto de por nós mesmos viver o que Deus projetou para nós. A doença, então, é muitas vezes um apelo de Deus, que deseja nos conduzir à verdade e mostrar o nosso tesouro. Vamos apresentar alguns exemplos de como é possível dialogar com nossas doenças e de como justamente pela doença Deus quer nos conduzir ao tesouro. A doença pode ser uma oportunidade para descobrir em nós novas possibilidades. Mas também nos pode levar ao desespero, à incapacidade de suportar as dores que nos impõe. Muitas vezes nós não enxergamos sentido algum na doença. Não sabemos o que ela quer nos mostrar. Mas justamente por meio desta ausência de sentido, desta tristeza pela perda da saúde, da escuridão da dor, ela pode nos abrir para Deus, de modo a desistirmos de todas as tentativas de ficar presos a nós mesmos e nos entregarmos a Deus.

Frequentemente acontece que o padre sente medo de ter vertigens durante a missa. Tais vertigens muitas vezes nos acometem justamente no momento da consagração. Alguns se agarram então compulsivamente ao altar, outros começam a suar em abundância. Nessas ocasiões, alguns sentem que há algo de errado com eles. Sempre correm atrás de novos médicos para lhes receitarem um remédio contra isto. Melhor seria se interrogássemos: "Onde é que eu sinto vertigens?" Não estamos falando em sentido moral. Mas muitas vezes a vertigem aponta para uma divisão que existe na pessoa, a divisão entre o ideal e a realidade. Quase sempre o que provoca a vertigem é a espiritualidade de cima. Tão elevado é o ideal que a pessoa pode sentir tonturas. Mais de um padre, justamente no momento da consagração, carrega inconscientemente consigo uma imagem arcaica do sacerdote, a imagem do sacerdote que transforma as coisas da terra em coisas do céu, que entra em contato com o divino, que penetra no Santo dos Santos etc. E, ao mesmo tempo, sente que é um homem, que carrega sobre si falhas e fraquezas, fantasias sexuais e sentimentos agressivos. Estas são duas imagens que ele não consegue conciliar. E, por isso, o corpo reage. As repressões manifestam-se com tamanha intensidade que o forçam a lhes prestar atenção. De nada adianta cerrar os dentes e tentar dominar-se. Ele tem que olhar sua realidade de frente. Se eu conversasse com minha vertigem, ela poderia mostrar-me esta divisão. Poderia me ensinar a unir estas duas imagens, a aceitar minha realidade com todas as suas falhas e fraquezas, e a colocar-me a serviço de Deus assim como eu sou. Isto evitaria que eu me colocasse acima das pessoas, que fosse vítima de uma ideologia do sacerdócio. Poderia libertar-me das imagens pagãs do sacerdócio e me introduzir ao mistério do sacerdote cristão, que a epístola aos Hebreus descreve assim, referindo-se a Jesus: "Não temos um sumo sacerdote incapaz de compadecer-se de nossas fraquezas. Ao contrário, passou pelas mesmas provações que nós, com exceção do pecado... Todo sumo sacerdote é escolhido entre os homens e constituído a favor dos homens como mediador nas coisas de Deus" (Hb 4,15; 5,1). Evidentemente, dialogar com a vertigem não nos dá garantia alguma de que ela irá acabar. Mas talvez me leve a reconhecer melhor minha situação.

Uma dor de cabeça nos impede de trabalhar. Por isso, queremos nos livrar dela o mais rápido possível. Mas, com isso, deixamos de perceber o que a dor de cabeça nos quer dizer. Normalmente é um sinal de que estamos sobrecarregados, de que nos colocamos sob pressão demasiada. Por vezes, também um sinal de que não estamos nos sentindo bem em determinado ambiente. Quando recorremos a comprimidos para reprimir a dor de cabeça, estamos renunciando à oportunidade de dar atenção ao que procura se manifestar em nós. O corpo nos força ao descanso, que em geral deixamos de nos conceder. Ele reclama quando nossas medidas são ultrapassadas. Devíamos ser agradecidos por o corpo apresentar uma reação assim tão forte. O corpo é nosso fiel companheiro, ele sempre reclama quando, com as atividades exteriores, nós fechamos o acesso ao nosso tesouro. Não deveríamos reagir ao nosso corpo de cima para baixo, obrigando-o logo a tomar remédios para forçar a nos obedecer, mas devíamos procurar sentir o que ele nos quer dizer. Com a doença, Deus mesmo está me apontando a minha realidade. E no caminho para Deus eu não posso fugir da minha doença. Devo, pelo contrário, através da doença estender os braços para Deus, que é a verdadeira e mais completa salvação para corpo e alma. Ali onde eu estou doente, aí está também o meu tesouro. Em vez de controlar a doença por meio de medicamentos, deveríamos entrar em diálogo com ela. Talvez ela queira chamar nossa atenção para o fato de não estarmos nos tratando bem, de estarmos vivendo contra a nossa vocação, contra a imagem de Deus em nós. Quando nos reconciliamos com a doença, ela nos põe em contato com novas áreas e possibilidades que até então nós não tínhamos percebido. Ela é o cão selvagem em nós, que não cessa de ladrar enquanto não lhe prestamos ouvidos e partimos com ele na busca do tesouro. E o que importa para isto não é nos livrar de toda e qualquer doença. Às vezes nós precisamos ser constantemente advertidos para vivermos de acordo com a nossa verdade. Pode ser uma alergia que não passa nem mesmo quando conhecemos a sua causa. Ela nos adverte a nos tratarmos bem, a sermos cuidadosos e bondosos com nossos desejos. A alergia poderia me forçar a viver com disciplina, a viver eu mesmo a minha vida, em vez de ser arrastado por ela. Para outro, a tosse é um sinal para ele mesmo viver, para confiar nos seus sentimentos e externá-los, em vez de se guiar pelas expectativas dos outros. E deveríamos procurar nos envolver com os sintomas da doença. Muitas vezes os sintomas já indicam o caminho da cura. Mostram-nos a que precisamos estar atentos.

Mas não devemos imaginar que conversando com os cães ladradores nós possamos transformar todas as nossas doenças em uma busca do tesouro. Com bastante frequência, o sentido da doença nos permanece fechado, vezes bastantes ela não nos traz outra coisa a não ser dores difíceis de suportar. Por mais que a interroguemos, ela não nos revela aonde pretende nos levar. Pois não existe unicamente a doença como expressão da alma, mas existe também a doença como destino imposto de fora, sem que por meio dela possamos reconhecer nossa situação psicológica. Então não nos resta outra saída senão nos reconciliar com a doença, senão nos entregarmos a Deus na doença. Então a doença nos força a depor as armas e a capitularmos diante de Deus. Não é fácil entregar-se a Deus na doença. Pois aqui muitas vezes nós temos que pagar tributo a uma espiritualidade de cima, que quer nos convencer de que na verdade nós não poderíamos adoecer quando vivêssemos direito. Aqui se manifesta nosso forte desejo de termos nas mãos as rédeas da doença. E com bastante frequência nos surge o sentimento de havermos feito alguma coisa errada, de sermos nós mesmos os culpados por nossa doença. Então devemos pôr de lado toda e qualquer procura da causa e todos os sentimentos de culpa, e simplesmente nos deixar cair nas mãos de Deus. Muitas vezes, Deus nos conduz de um modo totalmente diferente do que imaginamos. Na doença nós estamos indo ao encontro do Deus incompreensível. Temos, então, que renunciar a todas as nossas imagens de Deus e de nós mesmos, a fim de nos entregarmos ao Deus verdadeiro, que risca todos os nossos planos e ideias a fim de nos abrirmos totalmente para ele.

3.3. Convivendo com minhas chagas e ferimentos

A espiritualidade de baixo mostra-me uma outra maneira de conviver com meus ferimentos. Cada um de nós carrega consigo alguma ferida que a vida lhe provocou. É alguém que, quando criança, foi castigado injustamente, sem poder defender-se. Ou alguém que foi ridicularizado, que não foi levado a sério. Uma outra foi vítima de abuso sexual, foi tratada como um objeto. São feridas muito profundas. John Bradshaw acha que a pior de todas as feridas é o ferimento espiritual. Esta palavra é usada por ele referindo-se aos momentos em que deixamos de ser respeitados em nossa unicidade e particularidade: "Mais que qualquer outra coisas, a ferida espiritual é responsável por chegarmos à idade adulta como crianças dependentes e tímidas. A história da ruína de cada homem e de cada mulher ocupa-se com o fato de que uma criança de valor, uma criança maravilhosa e especial, perdeu o sentido para o 'Eu sou quem eu sou'" (BRADSHAW, 1992: 66).

Muitos procuram proteger-se contra os ferimentos de sua infância crispando-se interiormente. Muitas vezes, isto chega mesmo a ser necessário para que a pessoa consiga sobreviver. Outros reprimem os ferimentos. Mantêm-nos fechados sob um tampo de aço. Mas, então, estes passam a viver continuamente com medo de o tampo não resistir e provocar uma explosão. Outros ainda deixam-se paralisar pelos ferimentos. Ficam girando constantemente em torno deles e recusam a envolver-se com a vida, por medo de se ferirem novamente. A espiritualidade de baixo quer nos mostrar que exatamente em nossas feridas nós descobrimos o tesouro escondido no fundo de nossa alma. Na inauguração de nossa Casa de Retiro, alguns anos atrás, Henry Nouwen disse: "Lá onde nós fomos feridos, onde nos quebramos, aí nós também nos abrimos para Deus". Abrimo-nos também para ir ao encontro de nosso eu. Com meus ferimentos, eu descubro quem realmente eu sou. Entro em contato com meu coração, descubro o tesouro do meu verdadeiro eu. As feridas rasgam as máscaras que eu coloquei sobre mim, deixando livre a verdadeira base. Não resta dúvida de que o caminho desta espiritualidade de baixo não é assim tão simples. Ele exige que eu me reconcilie com meus ferimentos, que veja minhas feridas como minhas grandes amigas, que me mostram o caminho para o tesouro que existe em mim. Ali onde eu fui ferido, aí eu sou inteiramente eu mesmo. Aí meu verdadeiro eu se torna patente sob a superfície de minha vida, e assume a palavra. Eis aí uma mulher que quando criancinha, aos três anos de idade, levou uma surra da mãe com um pau na bundinha nua, sem entender a razão. Involuntariamente a menina entesou-se, procurando defender-se na impotência e na raiva. Agora, aos 50 anos de idade, ela tem fortes dores nas costas. Na orientação terapêutica e espiritual, ela toma consciência de que a rigidez do seu dorso é uma defesa contra todos os ferimentos que a vida sempre de novo lhe provocou. Mas o fato de saber a causa não lhe tira ainda as dores nas costas. Só depois de, pelo diálogo e pelas massagens, ela entrar em contato com suas feridas é que as contrações desaparecem. É então que os sentimentos começam a percorrer suas costas e ela começa a sentir em si uma energia benfazeja. Volta a viver, sente a alegria de reencontrar a vitalidade. E reconhece que para ela era vitalmente necessário enrijecer-se. Mas agora este comportamento deixou de ser adequado, pois ele apenas iria aumentar as dores em suas costas. Agora ela já tem força bastante para tornar a expor-se à dor de sua infância, para aceitar a raiva contra a mãe, que até então ela havia idealizado. O dialogar com a dor nas costas e a visão da ferida vital trouxe-lhe nova vida. Ela pode reconciliar-se com seu passado, que agora consegue contemplar com realismo, com seus ferimentos, mas também com suas experiências boas. E sente que a vida voltou a fluir dentro dela, que ela voltou a gostar de viver. Durante muito tempo sua vida espiritual havia sido uma tentativa de fuga. Agora pode olhar a ferida de frente, pode reconhecer e aprender a amá-la como fonte de espiritualidade. A ferida a mantém desperta para não voltar a fechar-se sobre si mesma e sim abrir-se para Deus. Outra mulher reage sempre com muita sensibilidade a todo sinal de crítica. Logo isto lhe cheira a uma rejeição de toda a sua pessoa. Quando criança, ela fora empurrada para a casa da tia e sentira-se como uma carga para a mãe. Em qualquer crítica, logo a ferida da rejeição, o sentimento de constituir um peso, se abre novamente. A compreensão não a ajuda a libertar-se deste sentimento. Também não dá resultado algum o esforço para libertar-se deste sentimento com auxílio da oração e da meditação. Apesar da oração, ela sempre volta a reagir da mesma maneira e a decepcionar-se. A espiritualidade de baixo teria o sentido de fazê-la descer à sua sensibilidade, à ferida da rejeição, de não ser desejada. Só depois de sofrer mais uma vez a dor até o fim é que ela pode transformar-se, é que em meio à dor ela pode antever uma nova segurança, um amor incondicional que a sustenta. Não adianta fugir da dor na oração. Ela precisa, pelo contrário, rezar sua dor até o fim, para através da dor entrar em contato com seu tesouro, o tesouro da criança ferida, mas que, ao mesmo tempo, é também filha de Deus, que recebeu de Deus o presente de uma dignidade divina. Atravessando pelo meio da dor, ela consegue antever Deus no fundo de sua ferida. Talvez tenha que haver rezado por muito tempo os cânticos de lamentação para que sua dor possa transformar-se em alegria: "Fez-me habitar em trevas, como os que há séculos morreram. Cercou-me de um muro intransponível, carregou-me de cadeias. Por mais que eu grite, implorando socorro, ele se faz surdo à minha súplica. Obstruiu meus caminhos com blocos de pedra, embaraçou as minhas sendas. Ele é para mim como um urso à espreita, como um leão de emboscada. Desviou meus caminhos para dilacerar-me, deixou-me indefeso" (Lm 3,6-11). Só depois de manifestar sua dor na presença de Deus é que ela consegue alcançar a necessária distância de seus ferimentos, e eles podem sarar e transformar-se.

A vida sempre de novo nos provoca decepções. Nós nos decepcionamos conosco mesmos, com nossas falhas e com nossos fracassos. Decepcionamo-nos com nossa profissão, com nosso parceiro, com a família, com o convento, com a paróquia. Muitos reagem aos desenganos com a resignação. Procuram ajeitar-se com a vida assim como ela é. Mas em seu coração toda vitalidade e toda esperança veio a morrer, os sonhos de sua vida foram sepultados. Mas a decepção também pode me conduzir ao tesouro. Talvez ela queira libertar-me das ilusões que alimentei a respeito de mim mesmo e do meu futuro. Talvez eu tenha visto tudo com óculos cor-de-rosa, e agora a decepção arrancou-me os óculos da cara e mostrou-me a verdade de minha vida. A decepção elimina o engano a que eu havia sucumbido, desmascara-o. Mostra-me que minha imagem ideal não estava correta, que eu havia feito uma avaliação errada de mim mesmo. Desta forma, a decepção é a oportunidade para descobrir o verdadeiro eu, a imagem que Deus fez para si de mim. É evidente que primeiro a decepção dói. Mas através da dor eu posso aprender a me reconciliar com a realidade e assim viver de uma maneira realista e adequada.

"Do seu ferimento a ostra faz surgir uma pérola. A dor que a dilacera, ela a transforma em joia" (RICHARD SHANON, in MÜLLER, 1993: 86). Sobre meus ferimentos as pérolas crescem. Mas elas só podem surgir dentro de mim quando eu me reconcilio com meus ferimentos. Quando cerro os dentes para fechar teimosamente minhas feridas, coisa alguma consegue crescer. Entrar em contato com o ferimento muitas vezes é doloroso. Sinto a incapacidade de libertar-me dele. Ele sempre estará em mim, mesmo depois de cicatrizado. Mas quando eu aceito meu ferimento, ele pode transformar-se em fonte de vida e de amor. Ali onde eu fui ferido, eu também estou vivo, ali eu me percebo, ali eu percebo os outros. Aí eu posso deixar que os outros entrem em meu ferimento, aí torna-se possível o encontro e o contato que consegue curar também os outros. Só o médico ferido pode curar, dizem os gregos. Quando eu sou forte o outro não consegue entrar em mim. Quando estou ferido e quebrado, Deus pode penetrar, as pessoas encontram a entrada para dentro de mim. Então eu estou em contato com o verdadeiro eu, com a imagem que Deus se formou de mim.

Muitas vezes nós vivemos na ilusão de que todas as nossas feridas podem ser curadas. Então nos utilizamos de Deus para que ele cure as nossas feridas. Por cura entendemos que as feridas devem se fechar e que não devemos mais sentir os sintomas. Enquanto nossas feridas não cicatrizam, nós giramos em torno delas e as escavamos sempre mais. Reclamamos de Deus por as ter permitido. Só quando estivermos dispostos a nos reconciliar com nosso ferimento é que ele pode tornar-se uma porta para o nosso interior, uma porta para o espaço incólume e sadio onde Deus mora em nós. A ferida nos força a procurar a salvação em nosso íntimo, e não em nossa valentia e força exterior. Por mais que a vida nos tenha provocado feridas, em cada um de nós existe este espaço sadio, o sacrário a que só Deus tem acesso. Aí nós poderemos experimentar a salvação de Deus em meio àquilo que nos dilacera.

3.4. A experiência da fraqueza e do fracasso

Para André Louf o caminho para Deus passa sempre pela experiência da própria fraqueza. Quando eu não consigo mais nada, quando tudo me foi retirado das mãos, quando sou forçado a constatar que fracassei, aí é também o lugar onde já não me resta outra coisa senão entregar-me nas mãos de Deus, abrir minhas mãos e apresentá-las vazias a Deus. A experiência de Deus nunca é uma recompensa pelo nosso esforço, mas, sim, a resposta à minha própria fraqueza. Entregar-se a Deus é a meta de todo caminho espiritual. André Louf fala da ascese da fraqueza: "Toda ascese autêntica tem que, de alguma maneira, levar o monge a este ponto zero, onde suas forças desmoronam, onde ele confronta-se com sua extrema fraqueza e já não consegue mais resistir-lhe. Assim o seu coração torna-se um *cor contritum,* um coração despedaçado e oprimido. E com o coração também todos os seus planos de perfeição humana. Neste coração dilacerado e oprimido, onde só a fraqueza e a impotência ainda estão presentes, aí a força de Deus pode manifestar-se e reassumir tudo de novo. Então a ascese passa a ser um milagre, um contínuo milagre em um coração humilhado e esmagado, entregue à própria fraqueza e ao poder do Senhor" (LOUF, 1979: 46s.).

Louf cita um ditado do Patriarca Moisés: "Jejum e vigília têm por fim desencorajar o monge para que ele desista, *ut se dimittat*, para que seja levado à humildade. Quando produz este fruto, então o monge atinge o coração de Deus, e Deus intervém com o milagre" (LOUF, 1979: 46). A ascese não me conduz à força e, sim, à fraqueza, à experiência de que não conseguimos nos fazer melhores por nós mesmos, de que dependemos total e inteiramente da graça de Deus. Então eu devo abandonar-me integralmente à graça divina, deixar-me cair nos braços de Deus.

Apesar de todos os fracassos, mesmo assim os monges recorrem à ascese. Sem a ascese, a graça seria uma "graça muito barata", como diz Bonhoeffer. Só quando, com toda a minha luta, eu sinto que não posso por mim mesmo me tornar melhor é que reconheço o que a graça realmente significa. Só então eu posso entender o que em Bernanos o pároco da roça escreve em seu diário: "Tudo é graça". Louf explica em um exemplo o que ele entende por ascese da fraqueza: "Suponhamos um jovem monge que vem à presença do abade e pergunta-lhe: 'Meu Pai, posso levantar-me amanhã uma hora mais cedo? Eu garanto que sou capaz!' – 'Bem, se és capaz, então já não é mais necessário. Não tem mais sentido! Pois onde estarás então?' Estarás do lado dos justos...' A situação seria totalmente diversa se ele dissesse: 'Este é um meu ponto fraco, e eu sinto que Deus me chama para, por meio desta fraqueza, realizar em mim o milagre'. Isto é ascese. E, é claro, nem todo mundo é chamado a isto" (LOUF, 1979: 47). A ascese não tem o significado de provar a própria força, mas, sim, de sempre de novo se chegar ao próprio limite, para então entregar-se ao sem-limites. "Estou convencido de que a ascese monástica não deve ser outra coisa – do contrário ela seria uma ascese pagã – a não ser um gesto de pobres e fracas criaturas, que agora colocam sua esperança na graça" (LOUF: 1979: 47). Às vezes não resta a Deus outra maneira de levar o homem à sua fraqueza a não ser por meio do pecado. Isaac de Nínive diz: "Quando Deus não tem mais saída, ele permite o pecado. Permite-o para levar o homem à sua total fraqueza. Este é o último recurso possível. Mas, às vezes, Deus recorre a este caminho, porque só nele é que se revela sua força" (LOUF, 1979: 50). Quando eu peco, desaparecem todas as ilusões que construí sobre mim mesmo e sobre meu caminho espiritual. Eu sinto, então, que minha ascese não ajudou a evitar o pecado. E reconheço que não tenho garantia alguma de não pecar. Se Deus não me sustentar, sempre tornarei a cair no pecado. Posso fazer o que quiser, mas, sem a graça de Deus, eu sou incapaz de resistir ao pecado. Quando isto chega ao meu coração, não resta outra saída senão entregar-me a Deus. Então todos os muros que eu havia levantado entre mim e Deus caem por terra e tudo me é retirado. Não posso fazer outra coisa senão abrir as mãos e capitular diante de Deus. Quando demonstro minha fraqueza, o pecado passa a ser a *felix culpa*. Não tenho garantia alguma. O pecado me aponta para Deus, que é o único capaz de me transformar.

O que importa é sempre a maneira como eu interpreto minhas experiências, como reajo a elas. Posso interpretar meu pecado como um fracasso e reagir com as autoincriminações. Isto, então, irá espiritualmente puxar-me para baixo e impelir-me à resignação. Posso também diminuir a importância do pecado, então minha vida espiritual se tornará aburguesada. E posso reprimir o pecado, então eu me transformo em um fariseu. A espiritualidade de baixo nos convida a ver no pecado uma oportunidade para nos lançarmos total e integralmente nas mãos de Deus. Isto, evidentemente, não quer dizer que devamos pecar conscientemente. Devemos lutar para ser transformados por Deus. Porém, mesmo assim, sempre de novo haveremos de cair em pecado. Se fizermos as pazes com a nossa condição, se confessarmos a própria incapacidade para alcançar a perfeição por nosso próprio esforço, então precisamente esta queda será a oportunidade para que nos entreguemos total e integralmente a Deus. No pecado, Deus arranca todas as máscaras de nossa face e, então, caem por terra os muros da própria correção que nós havíamos construído. E assim podemos nos apresentar nus e despidos ao verdadeiro Deus e deixar que seu amor nos erga novamente.

André Louf lembra repetidas vezes a palavra de São Paulo: "Basta a minha graça, porque é na fraqueza que a força chega à perfeição... Quando sou fraco, então é que sou forte" (2Cor 12,9s.). É nisto que consiste o paradoxo do caminho espiritual, que precisamente em nossa fraqueza nós adquirimos o sentido para a graça de Deus. Em nossa ascese muitas vezes temos a sensação de que nós mesmos nos fazemos ir adiante, de que nós mesmos podemos atingir a virtude. Só no fracasso é que sentimos que não podemos nos fazer melhores, que dependemos total e inteiramente da graça de Deus. A graça de Deus toma pé em nossa fraqueza, e em nossa impotência ela se transforma em força do espírito. O espírito só pode nos transformar "quando destrói, quando quebra. Ele precisa derrubar muros, fortalezas e castelos" (LOUF, 1979: 29). Para Louf, a graça não é "uma espécie da capa que nós colocamos por cima para encobrir tudo... A graça atinge mais profundamente ainda que o nosso inconsciente. Ela é o mais profundo em nós, e para crescer precisa nos atravessar alma e corpo. E normalmente isto irá mexer com nossa alma, irá demolir e reconstruir, ferir e sarar, irá desentortar" (LOUF: 1979: 30). A graça constrói sobre a natureza, e pode elevá-la. Mas também pode agir em nós conduzindo-nos ao ponto mais baixo, ao nosso ponto zero. "A decisiva prova espiritual na vida do monge leva-o à beira do desespero, à beira de perder a razão. Ele pode chegar a isto se não for salvo por sua mais profunda fraqueza. Não deve isto nos causar espanto; quando os muros da falsa humildade e da falsa perfeição forem derrubados, então, de repente, tudo volta a ser possível" (LOUF, 1979: 31). Quando os ideais a que por tanto tempo se agarrou são destruídos, não resta ao monge outra coisa senão entregar-se a Deus.

No *Diário de um pároco de aldeia*, Georges Bernanos sempre de novo descreve como todas as coisas, as decepções, a própria maldade, o pecado, tudo em última análise nos impele para Deus. Às palavras que lhe são lançadas pela filha do conde: "Se a vida me desenganar, tanto faz. Eu me vingarei pagando o mal com o mal", ele responde: "Nesse momento a senhora encontrará Deus. (...) Portanto, siga sempre em frente, enquanto quiser: um dia o muro há de cair, e todas as brechas estarão abertas para o céu" (BERNANOS, 1949: 261). Também o fracasso consigo mesmo e com sua comunidade apenas conduz o pároco com maior radicalidade ainda para o amor a Deus. Encontrando-se no leito de morte, a desconfiança consigo mesmo e o fracasso transformam-se em amor: "A desconfiança que alimentei contra mim, contra a minha pessoa, começa a dissipar-se, e de certo para sempre. A luta chegou ao fim. Não a compreendo mais. Estou reconciliado comigo mesmo, com esta pobre casca mortal. Odiar-se é mais fácil do que se pensa. Mas se todo o orgulho em nós estivesse morto, esta seria a maior de todas as graças, amar-se a si mesmo com humildade, como uma parte ínfima, mesmo a menos importante, dos membros sofredores de Cristo" (BERNANOS; 1949: 302s.).

Nosso fracasso pode nos levar a desesperar de nós mesmos. Mas este desespero também pode abrir para nós a graça de Deus que nos reergue. É certamente por isso que no final do 4º capítulo São Bento, quando enumera as obras que nós mesmos podemos fazer para nos estruturar e nos preparar para a graça de Deus, apresenta como o mais importante instrumento da arte espiritual "jamais desesperar da misericórdia de Deus". Ele percebeu, ao que tudo indica, que a ascese facilmente pode nos levar ao desespero, porque efetivamente nós não conseguimos o que desejamos. Mas, em geral, nós convivemos com nossos erros e fracassos de outra maneira. Condenamo-nos a nós mesmos e fechamos os olhos para não vê-los. Seria importante que reuníssemos em nossas mãos os cacos da nossa vida. Daí pode surgir uma coisa nova. Muitos sentem-se como que diante de um monte de cacos, justamente na fase média da vida. E quase sempre reagem com a resignação. Os cacos podem ser recompostos. Talvez a velha casca de nossa vida tenha-se tornado apertada demais. Talvez fosse preciso rompê-la. O fracasso pode se transformar em uma oportunidade. Muitas vezes aprendemos mais pelos nossos fracassos do que pelos nossos êxitos. Segundo C.G. Jung, o maior inimigo da transformação é uma vida bem-sucedida. Através dos fracassos nós reconhecemos que só Deus é capaz de construir sua casa, a casa de sua glória, a partir das ruínas de nossa vida. Foi isto que sempre de novo o povo de Israel experimentou: "Pois o Senhor se compadece de Sião, compadece-se de todos os seus escombros, faz de seu deserto um paraíso e de sua estepe um pomar do Senhor" (Is 51,3).

Quando, apesar de todos os meus esforços, eu sempre de novo volto a cair nas mesmas faltas, ou quando apesar de toda minha ascese me acontece passar pela desagradável experiência do pecado, então, através do fracasso, eu posso libertar-me de todo empenho egoísta. Em vez de me injuriar, eu apresento a Deus minhas mãos vazias. Então não volto o olhar para o meu pecado, mas, sim, para o Deus misericordioso, que, apesar de tudo, me ama. Então posso começar a perceber que não tenho obrigação de apresentar coisa alguma a Deus, que na verdade minha ascese era marcada pelo desejo de conquistar méritos perante a Ele. Quando me apresento diante de Deus em meu pecado, toda ambição cai por terra. Então eu estou realmente libertado de toda pressão que me havia imposto em minha caminhada espiritual. Abro minhas mãos, entrego-me a Deus, e experimento uma nova paz e liberdade. Pois não tenho que realizar coisa alguma. É Deus que me transforma, que, por meu fracasso e meu pecado, por meus insucessos e minhas decepções, abre-me para ele, para que enfim eu deixe de confundir Deus com minha própria virtude e me abandone a ele inteiramente. Então eu vou ao encontro do verdadeiro Deus, do Deus que me acolhe para que eu possa viver, do Deus a quem eu cantei em minha profissão: "Recebe-me, ó Deus, segundo a tua palavra. E não permitas que meu anseio seja confundido!"

3.5. A espiritualidade de baixo e a comunidade

A espiritualidade de baixo exige uma maneira diferente de se conviver com a comunidade. Nos conventos, mas também nas paróquias e nos grupos, muitas vezes podemos ouvir queixas de que a comunidade não corresponde ao ideal, de que, apesar dos elevados propósitos, acontecem tantas intrigas e baixarias. Quase sempre tenta-se nestas ocasiões refletir como seria possível corresponder melhor ao ideal que se deseja atingir. Mas nesse caso nós estamos procedendo levianamente, impondo à comunidade uma imagem que ela jamais pode realizar. Bem mais importante seria aqui se prestar ouvidos aos cães ladradores na comunidade. Lá onde a coisa não anda, onde os confrades não estão satisfeitos, onde eles reclamam, é aí que deveríamos ir à procura do tesouro. Os cães ladradores forçam-nos a voltar atrás de nossos projetos idealistas e a descermos à realidade. Aí poderemos, então, descobrir quais são os bloqueios, mas também quais as energias que existem na comunidade. É daí que se deve partir para uma transformação.

Em nossa sociedade é comum que, quando alguém comete um erro, ele tem que renunciar. Quando um político comete um erro, de todos os lados ergue-se o clamor para que ele renuncie. Mas isto nos leva a criar políticos sem ousadia, que já não tentam mais coisa alguma porque vivem com medo de cometer algum erro qualquer. Deste modo, torna-se impossível para a política ter qualquer criatividade. Se alguém quer conseguir alguma coisa, ele precisa também correr o risco de errar. O perfeccionismo que vigora em nossa sociedade impede que existam políticos realmente envolvidos com as pessoas e que busquem novos caminhos de convivência. A situação não é muito diferente na Igreja. Aqui todos os responsáveis procuram preservar suas vestes limpas, por medo de revelar à opinião pública suas próprias falhas e fraquezas. Mas, então, isto apenas leva a pessoas acomodadas, incapazes de qualquer ousadia. Richard Rohr vê este tipo personificado no homem da mão seca (Mc 3,1-6). Ele encolhe a mão, com medo de queimar os dedos. Daqui não sai mais coisa alguma, aqui nada mais se arrisca. Jesus ordena a este homem: "Estende a tua mão!" (Mc 3,5). Assume tu mesmo a tua vida! Tem coragem de experimentar alguma coisa! Tem coragem de arriscar!

O povo de Israel teve que passar pela dolorosa experiência de sua história não ter sido de sucessos. Por meio dos fracassos, teve de aprender que não merecia confiança, mas que sempre de novo Deus o reerguia e o confirmava. Tais fracassos existem tanto na história da Igreja como também na história da família. Mas normalmente nós não falamos a respeito deles. Não queremos nos macular, não queremos ter nada a ver com os erros de nossa família. Bem diversa é a maneira como Mateus apresenta a história da família de Jesus. Ele não mostra árvore genealógica alguma irrepreensível, e sim uma ascendência que leva até Jesus passando por quedas e por escândalos. A genealogia, nitidamente organizada em três vezes quatorze gerações, aponta para o fato de que em sua providência Deus também inclui em seus planos "aquelas irregularidades que se originam da descendência e da culpa" (GRUNDMANN, 1968: 62). Assim também nós não temos necessidade de apresentar nossa história familiar melhor do que ela é. Precisamente por meio das quedas Deus sempre volta a criar coisas novas, reconstrói as ruínas antigas, as habitações abandonadas por muitas gerações" (Is 61,4). Ter a coragem de reconhecer a culpa na história familiar e na história da Igreja é um fator de libertação. Pois a repressão da culpa e a vontade de desculpá-la nos prendem ao passado, forçam-nos a repeti-lo. Só a aceitação da história de culpa é que pode nos deixar mais preparados para um futuro melhor.

Jean Vanier, o fundador da Arche, em seu livro *Comunidade – Lugar de reconciliação e de festa,* mostrou de uma forma impressionante que a comunidade não pode viver de uma espiritualidade de cima. Pois os elevados ideais a impedem de envolver-se com as pessoas reais e com suas feridas. Mas quando a comunidade sabe conviver com os enfermos e com as figuras marginais, isto mostra que ela é uma comunidade verdadeiramente cristã. Sobre o papel da figura marginal, Vanier escreve: "A figura marginal, com suas dificuldades, possui qualquer coisa de profético. A comunidade sente-se sacudida, pois a figura marginal exige verdade. Muitas comunidades estão por demais construídas em cima de sonhos e de palavras bonitas. Fala-se a toda hora de amor, de verdade e de paz. Mas as exigências feitas pela figura marginal são autênticas. Seu grito é um grito pela verdade. Por trás das palavras bonitas, ela percebe a mentira: a distância entre o que se diz e o que se vive" (VANIER, 1983: 193s.). Os enfermos sempre colocam um espelho diante dos olhos da comunidade. Se ela não quer olhar o espelho, demonstra que está construída sobre a mentira. Em um organismo o membro que adoece é sempre o membro mais fraco. Ele revela algo sobre o organismo inteiro. Assim também na comunidade. Por isso é importante que nos envolvamos precisamente com os enfermos, com os marginalizados, com os insatisfeitos e os murmuradores, e que nos voltemos para eles. Isto seria espiritualidade de baixo.

Quando descreve a comunidade, São Bento está pensando na espiritualidade de baixo. Do abade, por exemplo, ele exige: "Procure corresponder ao caráter e à compreensão de cada um e adaptar-se compreensivamente a todos, de modo a não sofrer prejuízo por causa do rebanho que lhe foi confiado, mas poder alegrar-se com o florescimento de um bom rebanho" (RB 2,32). Adaptar-se a cada um, "servir às peculiaridades de muitos" (RB 2,31), exige que o abade esteja voltado para cada um, desça até onde ele se encontra neste momento, e não que o sobrecarregue com elevados ideais. A salvação e a cura se dão através do carinho, do descer até o outro, do adaptar-se. É interessante observar que a palavra "irmão" é usada com mais frequência por São Bento precisamente no capítulo sobre as punições. Pode-se observar com clareza que é justamente a crise e o fracasso que necessitam do carinho consciencioso para com o irmão, do respeito e da fé na presença de Cristo no irmão. "Procure o abade de todas as maneiras cuidar dos irmãos que caíram em falta. Pois não são os sadios que necessitam do médico, mas, sim, os enfermos" (RB 27,1). É o convívio diligente com os irmãos enfermos e com as situações de crise no interior do convento que caracteriza uma comunidade cristã. Nas firmas, o membro que adoece não tem chances. Mesmo gerentes e diretores podem perder o cargo quando adoecem do corpo ou da alma, quando de repente já não podem mais funcionar como antes. Ao se adotar esta rígida seleção se está programando que na firma as pessoas adoeçam cada vez mais. Ver no enfermo um espelho para si e para a comunidade e tratá-lo com "extremo cuidado" e com "muito tato" (RB 27,5), é o que caracteriza a comunidade cristã, e que a longo prazo cria uma convivência humana e sadia.

4
Humildade e humor como características da existência cristã

A espiritualidade de baixo é apenas uma palavra diferente para a humildade, tal como a descreveram os antigos monges. Quando, de acordo com São Bento e com a tradição em que ele se inspira, nós entendemos a humildade antes de tudo como uma atitude religiosa, não haveremos então de associar-lhe ideias negativas, como "dobrar o espinhaço", rastejar, fugir às exigências da vida, um secreto egoísmo disfarçado de falsa modéstia. A humildade não é virtude alguma que nós próprios possamos configurar. Ela é expressão da experiência de Deus e de nossa própria realidade. E a humildade é o caminho para descermos ao próprio *humus*, à própria condição terrena. Este familiarizar-se com o húmus nos leva ao humor. Um aspecto essencial da humildade consiste em não se viver preocupada, em olhar com humor a própria realidade, e também o mundo. Mas a humildade descreve também o caminho do fracasso, o caminho para nossa estaca zero, onde a vida parece esfacelar-se, mas onde ela se abre justamente para Deus. Se aceitássemos que o caminho da humildade é o nosso caminho para Deus, não haveríamos de estar sempre em luta contra a nossa natureza, e poderíamos desistir de nossos vãos esforços para nos tornar melhores. Na orientação espiritual, sempre de novo eu observo como as pessoas acham que deveriam superar suas faltas, ter mais confiança em si, tornar-se mais fortes. E depois ficam muitas vezes extremamente decepcionadas quando, apesar de tudo, continuam ainda suscetíveis e vulneráveis. Mas é precisamente o fracasso dos próprios esforços para chegar a um estado de tranquilidade e de segurança, de autoconfiança e de fortaleza, que pode nos levar a nos abrirmos para o verdadeiro Deus. E que pode também nos tornar mais humanos. Quando aceitamos o fato de sermos como crianças ofendidas, sensíveis, necessitadas de amor, dependentes de elogio e de censura, então nos tornamos mais humanos do que se nos tivéssemos tornado mais seguros e insensíveis. Então estaremos preparados para relações mais autênticas do que se tivéssemos superado todas as feridas. E, então, iremos entender mais sobre Deus do que se houvéssemos alcançado o ideal que buscávamos.

Uma espiritualidade que se deixa orientar pela humildade não faz de nós pessoas que se diminuem artificialmente, que pedem desculpas pelo fato de estar no mundo. Pelo contrário, a humildade leva à verdade interior, à despreocupação e ao bom humor. No humor está presente a antevisão de que tudo pode existir em nós, de que somos feitos do barro e que, por isso, não podemos nos espantar com nada que é terreno. O humor é o estarmos reconciliados com nossa condição humana, com nossa condição terrena, com nossa fragilidade. No humor está presente a aceitação de mim assim como eu sou. O sociólogo P.L. Berger chama o humor um "sinal de transcendência". No humor uma situação adversa é enfrentada espiritualmente e superada, por um lado reconciliando-nos com ela, e, por outro, superando-a e relativizando-a a partir de Deus. Enquanto o humor vive reconciliado com a realidade, e desta maneira a transforma, o idealismo pode vir a transformar-se em uma fuga da nossa realidade. Uma vez que não somos assim como gostaríamos de ser, nós nos refugiamos em elevados ideais, desenvolvemos teorias da vida espiritual que nada têm a ver com a nossa realidade.

Heinrich Lützeler acha que o humor tem a ver com o desmascarar a realidade: "As figuras mais importantes do humorismo – por exemplo, Aristófanes, Shakespeare, Cervantes, Molière – eram pessoas realistas, e nada do que faz parte do homem lhes era estranho. Por trás de mil disfarces, por trás de resplendentes bastidores e de palavras altissonantes, eles infalivelmente apanhavam o que existe de mais humano" (LÜTZELER, 1966: 12). Humor é, em primeiro lugar, o autodesmascarar-se, quando a gente se liberta da tendência de sentir-se como um monumento. No humor, encontramos a reta medida de nós mesmos e nos libertamos por inteiro do emocionalismo em que tanto gostamos de nos sentir os tais. "O homem que rindo enxerga os próprios erros, e o homem que rindo sabe-se envolvido com a matéria, um e outro estão a caminho do humor; ambos percebem nitidamente a imperfeição do mundo, porém não no desafio ou no desespero, não nos resmungos ou na frieza, e, sim, apesar de tudo, amando este belo planeta e animados por uma convicção secreta de que de alguma maneira mesmo o imperfeito está em ordem" (LÜTZELER, 1966: 23s.). "O humor cresceu na imperfeição terrena e floriu no amor ao mundo. Ele toma consciência do pequeno e do grande. É bastante livre para não zangar-se mais com o que é pequeno. Que falta de fé não seria acharmos que esta confusão dos homens poderia perturbar a grande ordem! Não devemos lhe atribuir uma importância tão grande. Só então seremos capazes de responder àquilo que o céu nos envia da maneira que quer: com despreocupação, com íntima alegria, com profunda confiança" (LÜTZELER, 1966: 41). Em última análise, o humor não é uma questão de caráter, mas, sim, de fé. O humorista diz sim ao seu destino, "a partir da certeza de que mesmo a nulidade do homem é sustentada pela vontade de Deus e perpassada pelo amor divino" (LÜTZELER, 1966: 54). Os conceitos básicos do humor: liberdade, medida, totalidade, diversão "são ao mesmo tempo os anseios mais íntimos do homem religioso". "Não vive de Deus aquele que não vive livre das coisas e inserido no todo, quem não conheça a medida e a ordem de cada um, quem não realize sua existência como um alegre derramar-se diante do criador de todo o ser" (LÜTZELER, 1966: 55).

Não é por acaso que todas as correntes espirituais do Oriente e do Ocidente levam à humildade. Reconhecer nossa condição humana é a condição não apenas para a humanização autêntica, mas também para a verdadeira experiência de Deus. Sem humildade, facilmente corremos o risco de nos apossarmos de Deus. Por isso são exatamente os místicos que exigem a humildade. Sem humildade, o místico facilmente procuraria identificar-se com Deus. Deixaria de haver distância entre Deus em nós e o nosso próprio eu. A tensão entre nossa condição humana e terrena e o dom da graça divina que nos perpassa e que nos faz templos de Deus constitui uma parte essencial da vida espiritual. Só podemos aceitar o presente da graça divina quando temos consciência de nossa própria condição humana. Por isso, não é exagero algum quando os que mais avançaram no caminho espiritual sempre de novo voltam a falar da humildade. Eles passaram pela experiência de que só podemos nos aproximar de Deus com humildade. A humildade é o polo terreno em nossa caminhada espiritual. Quanto mais profunda a experiência de Deus, tanto mais necessário é que seja destacado o outro polo, a condição humana, a humildade. Do contrário, correríamos o risco de nos identificar com Deus e de tomarmos posse de Deus.

A humildade protege nosso encontro com Deus da inflação, do inchar-nos, do falso identificar-nos com Deus. Mas quanto mais eu me identifico com uma imagem arquetípica, tanto mais perco a visão da minha própria realidade. Fico dividido, interiormente dilacerado. Sempre mais tenho que abrir os olhos para a minha realidade. A humildade é o fundamento que impede que nos destaquemos em nosso caminho para Deus e que passemos por cima de nossa condição humana. Ela nos preserva da inflação, que constitui o perigo maior para as pessoas religiosas.

No monaquismo antigo, a humildade não é apenas o sentir a baixeza e a condição terrena, mas ela está intimamente ligada à mansidão. Humilde, em grego, é *tapeinos*, mas frequentemente *prays* se traduz também por humilde. Mas *prays* é, ao mesmo tempo, bondade, mansidão. Para Evágrio Pôntico, a mansidão é a qualidade característica do pai espiritual. Mansidão significa a bondade quando dirigimos o olhar para nós mesmos e para os outros, a compaixão com os erros e as fraquezas, nossos e dos outros. Na mansidão de uma pessoa se manifesta como o humilde autoconhecimento transformou seu coração. Evágrio adverte contra a continência sem mansidão. "A continência oprime unicamente o corpo, mas a mansidão faz com que a inteligência veja" (EVÁGRIO, 1986: 27,4). A mansidão é a condição para que exista verdadeira contemplação. Por isso, sempre de novo Evágrio lembra a seus monges a figura de Moisés: "Moisés era homem muito humilde, mais do que qualquer pessoa sobre a face da terra" (Nm 12,3; EVÁGRIO, 1986: 27,2). Só poderemos contemplar Deus como Moisés quando tivermos aprendido sua mansidão. Sem mansidão, a ascese apenas obscurece o espírito. Por isso Evágrio adverte um discípulo: "Sobretudo não esqueças a mansidão e a prudência, que purificam a alma e a aproximam do 'conhecimento de Cristo' (= contemplação)" (EVÁGRIO, 1986: 34,2).

O Novo Testamento entende a humildade não apenas como um comportamento para com Deus, mas também para com os homens. Por isso a humildade é vista juntamente com a mansidão, brandura, generosidade. "Por isso revesti-vos de sentimentos de carinhosa compaixão, bondade, humildade, mansidão (brandura), longanimidade (paciência)!" (Cl 3,12). Com estes cinco conceitos, Paulo descreve o comportamento de Deus para conosco, e ao mesmo tempo o modo de agir do homem novo que foi redimido por Cristo. O humilde não despreza o irmão nem a irmã, mas vê neles Cristo. Por isso, faz parte da humildade o respeito pelo mistério do outro e o coração grande, onde existe lugar também para o irmão e a irmã. Quando alguém encontrou sua própria condição humana, nada do que é humano lhe é estranho. Está reconciliado com todo o humano que se lhe depara, sobretudo com o fraco e o enfermo, com o imperfeito e o fracassado. Vê tudo envolvido pelo olhar de bondade de Deus, pela visão misericordiosa de Jesus. E assim não pode fazer outra coisa senão olhar também ele com bondade e misericórdia tudo que lhe vem ao encontro em sua própria alma e nas pessoas. A mansidão não é uma virtude que nasce do caráter. Ela não denota falta de agressividade, mas é, em última análise, expressão da fé no Deus misericordioso que fez seu filho Jesus Cristo descer à realidade desta terra. Jesus Cristo acolheu tudo quanto é humano e desta maneira o redimiu. Em sua humanidade, ele levou consigo para o céu todas as nossas fraquezas humanas. Porque desceu às profundezas da terra, por isso ele também subiu ao céu. E assim também nos mostrou o caminho. Não podemos subir ao céu se não estivermos dispostos a descer com Cristo ao nosso *humus*, às nossas sombras, à condição terrena, ao inconsciente, à nossa fraqueza humana. O paradoxo da ascensão espiritual, que São Bento coloca no início do capítulo sobre a humildade, é também o paradoxo de todo caminho espiritual. Nós subimos a Deus quando descemos à nossa humanidade. Este é o caminho da liberdade, este é o caminho do amor e da humildade, da mansidão e da misericórdia, e o caminho de Jesus também para nós. A meta da humildade é o amor, que expulsa todo medo. Porque na humildade descemos ao inferno da própria divisão interior, por isso todos nós perdemos o medo do inferno. Descobrimos a Cristo mesmo em meio ao inferno de nossa alma. Cristo trouxe-lhe a luz e a transformou. O medo tolhe e restringe. Mas quando a humildade expulsa o medo, o coração se dilata. Para o fim do caminho da humildade, vale, por isso, o que São Bento nos diz no final do prólogo sobre o caminho monástico: "Mas quando alguém progride na vida monástica e na fé, seu coração se alarga, e na inefável felicidade do amor ele percorre o caminho dos mandamentos de Deus" (Prol 49). O coração, a quem não é estranho nada do que é humano, alarga-se, enche-se do amor de Deus, que transforma todo o humano. O caminho da humildade é o caminho da transformação. Na espiritualidade de baixo, o homem vai ao encontro de sua realidade e coloca-se diante de Deus para que Deus transforme em amor tudo quanto existe nele, para que todo ele seja penetrado pelo espírito de Deus.

Conclusão

Os hóspedes de nossa casa de retiro (*Recollectiohaus*), a quem apresentamos a espiritualidade de baixo, sentiram-na como libertadora e salutar. Mas sentiram também que pela espiritualidade de cima, que haviam observado até então, ela os colocou em uma camisa-de-força que era estreita demais para eles, e que, por vezes, os tornou doentes. Sempre de novo procuramos convencê-los de que seu caminho anterior, o da espiritualidade de cima, era um caminho perfeitamente bom. Obrigou-os a trabalharem em si. Falando em imagens: sua espiritualidade de cima é a pedra que um homem mau colocou sobre uma pequena palmeira para a prejudicar. Mas, quando ele voltou alguns anos mais tarde, ela tinha se transformado na palmeira mais alta e mais bela. A pedra a forçara a aprofundar suas raízes. Da mesma maneira também nossos ideais, com bastante frequência, nos obrigam a aprofundar nossas raízes. Mas nossos hóspedes sentem também que estariam se prejudicando se percorressem unicamente o caminho da espiritualidade de cima. Pelo menos na meia idade é necessário se admitir o polo oposto, tentar a espiritualidade de baixo. Agora eles precisam encontrar coragem para escutar e obedecer à voz de Deus em seu próprio coração, em suas paixões, em seus sentimentos, em seus sonhos, em seu corpo. Têm que romper agora a estreita camisa-de-força em que foram forçados a entrar, para que possa desabrochar a imagem que Deus se fez deles.

Fazemos questão de mostrar aos hóspedes que seu caminho anterior tinha sentido, que mesmo por meio da ascese e de seus ideais Deus os havia levado a um beco sem saída, à impotência, para agora entregarem-se a Deus e mergulharem em Deus. Sem a espiritualidade de cima, eles talvez não tivessem chegado tão facilmente ao beco sem saída. Isto só se torna uma tragédia quando a pessoa fica se debatendo no beco sem saída, procurando forçá-lo com violência. Então ela bate com a cabeça na parede até sangrar, quem sabe mesmo até morrer exangue. No beco sem saída, na impotência, nós devemos deixar a luta de lado. A única coisa que podemos fazer é gritar do mais profundo de nós para que Deus nos salve da impotência. Quando fazemos as pazes com a impotência, ela passa a ser um lugar de autêntica experiência de Deus. Vamos, então, ao encontro de Deus com as mãos vazias, exaustos, cansados e feridos, ao encontro do Deus que nos salva e que nos liberta. Então abrimos as mãos, e do fundo de nossa impotência nós experimentamos o poder da graça de Deus, o amor de Deus, que só conseguimos realmente entender quando chegamos ao fim, quando houvermos desistido de querer nos tornar melhores por nossas próprias forças. Só então podemos, como Paulo, reconhecer o que a graça de Deus é realmente, reconhecer que ela se completa em nossa fraqueza.

Referências

ASSAGIOLI, Roberto (1988). *Psychosynthese*. Adliswil.

BERNANOS, George (1949). *Tagebuch eines Landpfarrers*. Munique: [s.e.].

BITTER, Wilhelm (org.) (1958). *Meditation in Religion und Psychotherapie*. Stuttgart: [s.e.].

BÖCKMANN, Aquinata (1986). *Perspektiven der Regula Benedicti*. Münsterschwarzach: [s.e.].

BOLLNOW, Otto Friedrich (1965). *Wesen und Wandel der Tugenden*. Frankfurt: [s.e.].

BRADSHAW, John (1992). *Das Kind in uns. Wie finde ich zu mir selbst?* Munique: [s.e.].

CLÉMENT, Olivier (1977). *Das Meer in der Muschel*. Freiburg: [s.e.].

DOROTEU, Abade (1928). In: *Des hl. Abtes Dorotheus Geistliche Gespräche*. [s.l.]: [s.e.]. Kevelaer [Trad. alemã de B. Hermann].

DREWERMANN, Eugen (1982). *Frau Holle. Grimms Märchen tiefenpsychologisch gedeutet*. Olten: [s.e.].

_____ (1989). *Kleriker. Psychogramm eines Ideals*. Olten: [s.e.].

DÜRCKHEIM, Karlfried Graf (1968). *Überweltliches Leben in der Welt. Der Sinn der Mündigkeit.* Weilheim: [s.e.].

EVÁGRIO PÔNTICO (1986). *Briefe aus der Wüste.* Trier [BUNGE, G. (org.)].

GÖRRES, Albert (1967). "Der Leib und das Heil: Caro cardo salutis". In: RAHNER, K. *Der Leib und das Heil.* Mainz. p. 7-28.

GREENE, Graham (1974). *Das Ende einer Affäre.* Hamburgo: [s.e.].

GRUNDMANN, Walter (1968). *Das Evangelium nach Matthäus.* Berlim: [s.e.].

HALBFAS, Hubertus (1981). *Der Sprung in den Brunnen. Eine Gebetsschule.* Düsseldorf: [s.e.].

HESSE, Hermann (1957). *Gesammelte Schriften.* Vol. 7. Berlim: [s.e.].

ISAAC DE NÍNIVE (1874). In: *Ausgewählte Schriften der syrischen Kirchenväter.* Kempten: [s.e.]. [Trad. alemã de G. Bickell].

JUNG, C.G. (2000). *Obras completas.* Vol. 18. Petrópolis: Vozes.

_____ (1988). Vol. 16. Petrópolis: Vozes.

_____ (2003). *Cartas III.* Petrópolis: Vozes.

LAFRANCE, Jean (1983). *Der Schrei des Gebetes.* Münsterschwarzach: [s.e.].

LAIBLIN, Wilhelm (1956). "Symbolik der Wandlung im Märchen". In: BITTER, Wilhelm (org.) *Die Wandlung des Menschen in Seelsorge und Psychotherapie.* Göttingen: [s.e.], p. 276-300.

LOUF, André (1979). *Demut und Gehorsam bei der Einführung ins Mönchsleben.* Münsterschwarzach: [s.e.].

LUISLAMPE, Pia (1988). "Demut als Weg menschlicher Reifung. Hermeneutische Schritte zum 7. Kapitel der Regula Benedicti". In: *Itinera Domini*. Escrito festivo para Emmanuel von Severus. Münster: [s.e.], p. 17-30.

LÜTZELER, Heinrich (1966). *Über den Humor*. Zurique: [s.e.].

MILLER, David L. (1982). "The Two Sandals of Christ: Descent into History and into Hell". In: PORTMANN, A. & RITSEMA, R. *Aufstieg und Abstieg*. Frankfurt: [s.e.], p. 147-222.

MÜLLER, Wunibald (1993). *Begegnung, die vom Herzen kommt*. Mainz: [s.e.].

RAHNER, Karl (1957). "Über die Erfahrung der Gnade". In: *Schriften zur Theologie III*. Einsiedeln. 105-110.

RB = Regra de São Bento.

SANFORD, J.A. (1974). *Alles Leben ist innerlich. Meditationen über Worte Jesu*. Olten: [s.e.].

SCHELKLE, Karl Hermann (1964). *Der 2. Brief an die Korinther*. Düsseldorf: [s.e.].

SCHÜTZ, Christian (1988). "Einsamkeit". In: *Lexicon der Spiritualität*. Friburgo: [s.e.].

SMOLITSCH, Igor (1936). *Leben und Lehre der Starzen*. Viena: [s.e.].

STEIDLE, Basilius (1986). *Beiträge zum alten Mönchtum und zur Benediktsregel*. Sigmaringen: [s.e.] – [ENGELMANN, Ursmar (org.)].

VANIER, Jean (1983). *Ort der Versöhung und des Festes*. Salzburg: [s.e.].

WELLWOOD, John (1984). "Principles of inner work: Psychological and spiritual". *JTP 1*, 63-73.

Conecte-se conosco:

 facebook.com/editoravozes

 @editoravozes

 @editora_vozes

 youtube.com/editoravozes

 +55 24 2233-9033

www.vozes.com.br

Conheça nossas lojas:

www.livrariavozes.com.br

Belo Horizonte – Brasília – Campinas – Cuiabá – Curitiba
Fortaleza – Juiz de Fora – Petrópolis – Recife – São Paulo

  Vozes de Bolso

EDITORA VOZES LTDA.
Rua Frei Luís, 100 – Centro – Cep 25689-900 – Petrópolis, RJ
Tel.: (24) 2233-9000 – E-mail: vendas@vozes.com.br